Raul Hilberg

Unerbetene Erinnerung

Der Weg eines Holocaust-Forschers

Aus dem Amerikanischen
von Hans Günter Holl

S. Fischer Verlag

Das Manuskript »The Politics of Memory«
wurde in englischer Sprache verfaßt.

Vom Verfasser autorisierte Übersetzung

Für die deutsche Ausgabe

Schutzumschlag: Raphie Etgar
Satz: Stahringer, Ebsdorfergrund
Druck und Einband: F. Spiegel Buch GmbH, Ulm
Printed in Germany
ISBN 3-10-033621-6

Gedruckt auf chlor- und säurefreiem Papier

Inhalt

Geschichte ohne Tragik
gibt es nicht,
und das Wissen
ist besser
und heilsamer
als die Unkenntnis.
H. G. Adler

Vorwort

Ich habe fast mein ganzes Leben lang ein Thema erforscht, das sich sehr grundlegend von allen anderen unterscheidet – die Vernichtung der europäischen Juden. Oft genug wollten Bekannte wie auch Fremde wissen, warum ich gerade diesen Weg einschlug und auf welches Echo meine Arbeit stieß. Im folgenden Erfahrungsbericht habe ich meine Antworten auf ihre Fragen vertieft und erweitert. Das Resultat ist zwar persönlicher Natur, berührt aber auch zahlreiche Aspekte, die seit dem Ende der vierziger Jahre bis heute, Anfang der neunziger, in Amerika, Israel und Europa fest zum Repertoire des öffentlichen Umgangs mit schwierigen Erinnerungen gehören.

Entwürfe des Textes zeigte ich meinem alten Freund Eric Marder, meinem langjährigen literarischen Agenten Theron Raines, meinem neuentdeckten Wahlverwandten Walter Reich, meiner Frau Gwendolyn, meinem Sohn David und meiner Tochter Deborah. Sie alle lasen das Manuskript aus dem je eigenen Blickwinkel, schenkten mir wertvolle Einsichten und Anregungen. Ich danke ihnen für alles, was sie mir gaben.

Die Rezension

Am Dienstag, dem 15. September 1992, erhielt ich einen Anruf von meinem literarischen Agenten Theron Raines, der aus Arkansas stammt und am Columbia College sowie an der Oxford University studierte, die ihm akademische Würden verliehen. Raines kennt keine Umschweife, kommt immer gleich zur Sache. Am Sonntag, sagte er, werde in der *New York Times* eine Rezension meines neuen Buches *Perpetrators Victims Bystanders* erscheinen. Ich dankte ihm für den Anruf, aber ganz lässig, wie um anzudeuten, daß mich solche Nachrichten in meinem jetzigen Alter nicht mehr übermäßig aufwühlten. Gleichwohl freute ich mich. Ich hatte keine akademischen Feinde mehr, die darauf aus gewesen wären, mich in der Presse niederzumachen. Entsprechend konnte ich freudig gespannt sein, ohne etwas befürchten zu müssen. Doch dann kündigte Theron Raines an: »Der Schlußsatz dieser Besprechung wird dir gar nicht gefallen.«

Am gleichen Abend brachte meine Frau Kopien zweier Rezensionen mit heim, die ihr Aaron Asher, mein Lektor bei HarperCollins, ins Büro geschickt hatte. Eine davon war die besagte in *The New York Times*. Ich überflog beide rasch und beschloß dann, sie beiseite zu legen, da meine Tochter zu Besuch kam und ich uns das Zusammensein nicht verderben wollte. Am Sonntag würde ich eine Lesereise antreten, die in Boston beginnen sollte, und sie nach Jerusalem zurückkehren. Doch Aaron Asher war besorgt. Er rief mich donnerstags an und fragte, ob man auf die beiden Besprechungen – besonders die in der *New York Times* – antworten müsse. Ich verneinte sofort, denn ich wollte diese gebildeten Menschen nicht öffentlich bekämpfen. Er hielt mir entgegen, daß mein Buch in *The New York Times* als unwissenschaftlich kritisiert worden sei.

Das stimmte zwar, sagte ich, in gewisser Weise stand mein ganzer Forschungsansatz nun als fragwürdig da, aber ich wollte trotzdem keinen Leserbrief schreiben.

Den Rezensenten der *New York Times* kannte ich persönlich. Er hatte mich eingeladen, an seiner Universität Vorlesungen zu halten, und im *Literary Supplement* der Londoner *Times* glühend über die zweite Auflage meines umfangreichen Buches *The Destruction of the European Jews* (*Die Vernichtung der europäischen Juden*) geschrieben. Nun verwarf er nicht nur meine neue Studie, sondern prüfte auch seine Gedanken zur zweiten Auflage des älteren Buches. Bei dieser Neubeurteilung nahm er mein ganzes Leben ab der Erstausgabe von *The Destruction* gut dreißig Jahre zuvor unter die Lupe. Er lobte *jene* Ausgabe und fragte zugespitzt: »Was tun, nachdem ein solches Werk fertig ist?« Dazu schrieb er, daß ich bis zur Emeritierung an der University of Vermont Politikwissenschaft gelehrt, die neue Generation angeregt, ihr als Mentor und Wegweiser gedient habe. Bei der zweiten Auflage 1985 hätten einige Kritiker meine »originelle Leistung« gewürdigt, andere seien jedoch von der neuen Fassung »enttäuscht« gewesen. In meinem letzten Buch *Perpetrators Victims Bystanders* (*Täter, Opfer, Zuschauer*) »übergehe« ich schließlich jene jüngeren Gelehrten, die ihre Arbeiten auf neue Dokumente und neue Fragen gestützt hätten. Ich sei, so schrieb er im letzten Satz, »von einem Pionier zum mahnenden Gewissen« geworden.

Ich wollte mich nie selbst betrügen. Hier war eine Beurteilung von einem, der weder unwissend noch mir böse gesonnen war. Was, wenn er recht hätte? Als ich im Alter von zweiundzwanzig Jahren an meine selbstgestellte Aufgabe ging, wollte ich aus eigener Kraft ein ungeheures Thema abhandeln, das den Inbegriff der Menschenvernichtung in unserer Zeit bildete. Um dieser Geschichte auf den Grund zu kommen, versenkte ich mich immer tiefer in die Dokumente der deutschen Bürokratie zur Zeit des Nationalsozialismus. Als mein erstes gedrucktes Wort zum Thema erschien, war ich fünfunddreißig

Jahre alt. Was hatte ich in den einunddreißig Jahren danach gemacht? Was war aus mir geworden?

Ich schickte die Besprechung meinem alten Freund Eric Marder. Wenn man die schmeichelhaften Sätze in den Passagen über meine früheren Leistungen berücksichtige, sei sie gar nicht so schlimm, sagte er. Ich bat ihn, den Text nochmals durchzulesen – und betonte, daß mir selbst seine ganze Tragweite erst aufgegangen sei, nachdem ich ihn fünfmal gründlich studiert hatte. Daher rief er mich erst zurück, als er den Text seinerseits fünfmal gelesen hatte. Nicht so toll, bestätigte er, aber für ihn sei die wichtigere Frage, weshalb ich überhaupt die Prämissen des Kritikers annehmen, seinen Folgerungen zustimmen wollte. Ich hielt entgegen, daß ich vor allem klar sehen mußte. Ich hatte nie versucht, mich selbst zu betrügen, und gerade jetzt war mir die Wahrheit besonders wichtig. Vielleicht war meine schöpferische Kraft schon seit drei Jahrzehnten erschöpft, und ich hatte mich längst überlebt.

Vielleicht, doch ich war nicht sicher. Als mein neues Buch fertig war, das um Menschen statt um Ereignisse kreist, schickte ich es mit einem guten Gefühl an Theron Raines. Bei HarperCollins hatte Aaron Asher das Manuskript gelesen und sofort angenommen. Es war noch früh – das Buch wurde gerade erst ausgeliefert. Warum nicht abwarten? Obwohl an den Schluß verbannt, waren die Fußnoten nicht verloren, konnte man doch noch die Vielfalt meiner Quellen erkennen. Wenn, wie Eric mutmaßte und mein Sohn glaubte, das Buch zu feinsinnig war, konnten ja spätere Rezensenten seinen vielschichtigen Aufbau bemerken. Was den Verkauf betraf, so hatten die großen Buchhandlungen vielleicht schon stapelweise Exemplare für Käufer aufgetürmt, die an den Regalen entlang schlenderten.

Am Sonntag, dem 20. September, bestieg ich morgens ein Flugzeug nach Boston, wo ich wenig später landete. Ich kaufte den *Boston Globe*, in dem ich einmal ein Buch besprochen hatte, aber er schwieg. Ich suchte die große Buchhandlung Barnes

& Noble auf (die als einzige vor Mittag öffnet), aber das Buch war nicht da. In der amerikanischen Politik gibt es gewisse Wahlabende, an denen ein um sein Überleben kämpfender Kandidat auf das Ergebnis eines einzigen entscheidenden Wahlbezirks wartet, weil bei einer Niederlage dort alles verloren wäre. Für mich war Boston ein solcher Testfall.

Ich ging ins Hotel zurück, um in einem Restaurant direkt über dem Straßenlokal »The Last Hurrah« zu essen. Völlig unerwartet war die Küche erstklassig – und noch ausgezeichneter der Gitarrist, dessen Klänge den Raum füllten. Ich lauschte seinem meisterlichen Vortrag von Francisco Tarregas *Recuerdos de la Alhambra*. Plötzlich empfand ich eine unbeschreibliche Traurigkeit. Dies ist also das Ende, das wirkliche Ende – ungeachtet dessen, was noch kommen mag. In diesem Moment war ich ganz mit mir allein, verabschiedete mich von meinem Leben.

Ursprünge

Herkunft

Mein Vater erzählte mir einmal, ich sei schon vor meiner Geburt so unbändig gewesen, daß ich meiner Mutter große Sorgen bereitete. Im Krankenhaus habe ihn der Geburtshelfer gefragt, ob er im Ernstfall das Überleben der Mutter oder des Kindes bevorzugen würde. Damals habe er – so vertraute er mir an – eine Entscheidung gefällt, die im Licht aller Weisheitslehren grundverkehrt, in seinen Augen aber dennoch zwingend war. In einem solchen Notfall, sagte er dem Arzt, wollte er mein Leben gerettet wissen. In dies Geheimnis weihte er mich, noch als Schuljunge, bei einem unserer Gespräche über seine Kindheit, seinen beruflichen Werdegang sowie seinen Militärdienst ein. Mich beeindruckten seine Berichte immer stark, und ich hielt meinen Vater stets für einen klugen, bedächtigen Mann. Mir war er ein Vorbild, und ich versuchte – nicht durchgehend erfolgreich –, Ideen, Einstellungen und Lebensstil an ihm auszurichten.

Zwischen meinem Vater, der so viel erlebt und erlitten hatte, und meiner Mutter, die meine Ankunft mit knapper Not überlebte, lagen Welten. Da man kaum in einem Atemzug über beide reden kann, möchte ich sie zunächst getrennt beschreiben und dabei auch ein Wort über ihre Familien sagen, um so einen Lebenshintergrund meiner Herkunft zu schildern.

Mein Vater wurde am 15. September 1889 in einem seiner Erinnerung nach ungepflasterten Dorf im Nordosten des Österreichisch-Ungarischen Reiches geboren: in Dzuryn (oder, sofern man die russische Schreibweise bevorzugt, Dschurin). Als ich viel später nachschaute, fand ich den Ort, der heute in der westlichen Ukraine liegt, auf einer guten Karte ohne Mühe. Offenbar zu einem Städtchen herangewachsen, war er deutlich größer, als ich erwartet hatte. Die Hilbergs waren, so mein Vater, 1648 aus Bayern nach Dzuryn gekommen, was ich jedoch nicht prüfte. Ein Hilberg, vielleicht ein Vetter seines Vaters, soll einige Zeit vor dem Ersten Weltkrieg Rektor der Universität Czernowitz (später Cernauti, danach Chernovtsy) gewesen sein. Angesichts der überaus bescheidenen Verhältnisse der verzweigten Familie meines Vaters hielt ich die Geschichte über den erfolgreichen Hilberg immer für eine Legende, als ich jedoch irgendwann im Bibliothekskatalog einer Universität in Texas nach Karteikarten mit eigenen Titeln forschte, fand ich heraus, daß es den Hilberg in Czernowitz tatsächlich gegeben hat, und daß er mehrere Bücher über Themen wie die Silbenbildung in der griechischen Antike geschrieben hatte. Da beschloß ich, ab sofort nie wieder Angaben meines Vaters zu mißtrauen.

Mein Vater verließ Dzuryn kurz nach Abschluß seiner Schulzeit im Alter von knapp vierzehn Jahren. Europa lebte noch im Frieden. Man war optimistisch – konnte etwas wagen in der Hoffnung zu gewinnen. Bevor er sich in Wien niederließ, sagte mein Vater, habe er Zürich und Berlin besucht. Da ich noch sehr klein war, fiel es mir nicht ein zu fragen, ob ihm seine Eltern die Reise bezahlten. Sie müssen sehr arm gewesen sein, denn er äußerte sich nie genauer über den Beruf meines Großvaters. Eigentlich sprach er insgesamt wenig über ihn. Erzählt wurde nur, daß mein Großvater im Ersten Weltkrieg vor der anrückenden russischen Armee geflohen und noch während des Krieges als Flüchtling gestorben war.

Mein Vater war eines von zehn Kindern, doch nur eine Schwester und drei Brüder überlebten die verbreitete Säuglingssterblichkeit. Die Schwester und der älteste Bruder gingen nach New York, wo auch sie arm blieben. Ein jüngerer Bruder, Josef, folgte meinem Vater nach Wien. Er beschäftigte meinen Vater sehr, sogar über seinen Tod hinaus. Josef war ein Mann, der keinerlei Spuren hinterließ. Kaum in Wien eingetroffen, war er auf meinen Vater angewiesen. Während des Ersten Weltkrieges täuschte er ein steifes Bein vor und hinkte den ganzen vierjährigen Konflikt hindurch. Dabei simulierte er derart erfolgreich, daß er nach Österreichs Niederlage kaum zum normalen Gang zurückfand. Er hatte keine Kinder, und seine winzige eheliche Wohnung eignete sich nicht einmal für kürzeste Besuche. Ich haßte es immer hinzugehen, denn dort stand ich in der Mitte des kleinen Wohnzimmers, das zugleich als Schlafzimmer diente, und mußte sein Gejammer über die schlimme Wirtschaftslage und seine endlosen Nöte anhören. Nachdem Wien dem Deutschen Reich einverleibt worden war, ging Josef illegal über die belgische Grenze und floh 1940 erneut. Er wurde in einem der Lager interniert, wo die Kollaborateure des französischen Vichy-Regimes staatenlose und gestrandete Leute wie Josef und seine Frau einsperrten. Mein Vater erhielt, schon in New York, Josefs verzweifelte Hilferufe, konnte ihm aber nicht die Überfahrt nach Amerika bezahlen. Sobald 1942 die Deportationen aus der Vichy-Zone begannen, verschwand Josef. »An mir klebt das Blut meines Bruders«, sagte mein Vater damals und wiederholte den Satz Jahre später, um damit einzugestehen, daß es seine größte und nie mehr gutzumachende Sünde war, nicht für die Überfahrt aufgekommen zu sein. 1978 suchte ich Josefs Namen in einer Liste der Personen, die aus Frankreich deportiert worden waren. Ein Josef Hilberg war nicht aufgeführt. Konnte jemand spurlos verschwinden? Später fiel mir ein, daß meine Großeltern nur mit einem religiösen Zeremoniell geheiratet hatten. Sofern Josef also seinen Namen nicht amtlich hatte ändern lassen, mußten seine Papiere noch auf Gaber lauten, den Mädchennamen meiner Großmutter. Als französische Forscher nach Kriegsende diese Deportationslisten zusammenstellten, konnten sie zwar einige der ursprünglichen Einträge kaum entziffern, aber ich fand »Gaber, Joseph, geb. 23. Oktober 1893 in Dzwyen«. Er war am 14. August 1942 deportiert worden, zwei Tage später in Auschwitz angekommen. Da er damals schon achtundvierzig Jahre alt war, muß er sofort vergast worden sein.

Anders als Josef war mein Onkel Jakob im Ersten Weltkrieg Soldat. Als Artillerist bediente er schwere österreichische Geschütze, um die deutschen Soldaten an der Westfront zu unterstützen. Zwar nie verwundet, kehrte Jakob aber fast taub aus dem Krieg heim. Er verließ Polen nie mehr, und ich lernte weder ihn noch seine Frau, noch ihre Kinder jemals kennen. Ich muß jedoch annehmen, daß ihm die deutschen Besetzer Polens im Zweiten Weltkrieg seine Hilfe damit dankten, daß sie ihn und seine Familie umbrachten.

Die Mutter meines Vaters kenne ich nur aus seinen Erzählungen, und danach muß sie vor allem radikal pazifistisch gewesen sein. Als er sie nach dem Krieg, aus einem Militärhospital entlassen, in Dzuryn besuchte, habe sie sämtliche Uniformen und Papiere verbrannt, alle Orden weggeworfen, lediglich ein zerknittertes Foto übersehen, das ihn als Feldwebel der Österreichisch-Ungarischen Armee zeigt. Als sie 1942, über achtzig Jahre alt und erblindet, fast durchweg ans Bett gefesselt war, fanden deutsche Stoßtrupps sie offenbar genau dort und erschossen sie auf der Stelle.

Ich konnte verstehen, warum eine Frau friedliebend wurde, die zwei ihrer Söhne an der Front wußte. Weniger leicht begreiflich war mir indes, wieso sich mein Vater zum Pazifismus bekannte. Krieg, sagte er, ist nicht so, wie Chauvinisten und Romantiker ihn beschreiben. Er hatte sechsundzwanzig Monate in Schützengräben verbracht, davon zweiundzwanzig an der russischen und später, nach einer Verwundung am Hals, weitere vier an der italienischen Front, wo eine Granate sein Schienbein zerfetzte und Wundbrand ihn im Lazarett festhielt. Aber, warf ich ein, er sei doch sogar ausgezeichnet worden. Seine Silbermedaille entsprach – wie ich später erfuhr – mindestens dem Eisernen Kreuz Erster Klasse der deutschen oder dem »Silver Star« der amerikanischen Armee. Jawohl, mochte er antworten, aber wofür hatte er diese Orden bekommen? Einmal rettete er einen Major, dem die Gedärme aus dem Bauch hingen. Das andere Mal sollte er nachts ein zerrissenes öster-

Der Vater (links) als Zugsführer (d.i. Feldwebel)
der Österreichisch-Ungarischen Armee im Ersten Weltkrieg
(Foto: privat)

reichisches Telefonkabel flicken. Er verlief sich aber und geriet irrtümlich an ein russisches Kabel. So hörte er, der Russisch verstand, ein Gespräch des Inhaltes mit, daß bei Dämmerung ein Angriff auf eine Regimentsfront beginnen sollte. Er ging, so glaubte er, zurück, wie er gekommen war, verlief sich aber erneut und gelangte zu einem deutschen Nachbarregiment, von wo aus er seinen Oberst Herrn von Wipplinger anrief. »Wissen Sie, was Sie da sagen?« fragte der Oberst. »Wenn das stimmt, muß ich das ganze Regiment an den hinteren Graben der B-Linie zurückziehen, und wenn es nicht stimmt ...« Die Österreicher zogen sich zurück, so daß die Russen mehrere Stunden lang einen leeren Graben bombardierten. Als die russische Infanterie mit ihrem Vormarsch begann, besetzten die Österreicher wieder ihre früheren Stellungen. Die erste russische Angriffswelle brach im Niemandsland zusammen, die zweite erreichte kaum die österreichische Linie, die dritte wurde zurückgeschlagen. Dafür habe er einen seiner Orden erhalten – dreitausend russische Tote, nur weil er unfähig war, sich im Gelände zu orientieren.

Nein, er sei Pazifist und habe nur aus einem Grund gedient: für die Ehre, die jüdische Ehre. Zum Beispiel führte er einmal eine Patrouille ins Niemandsland, als er sich plötzlich einem feindlichen Spähtrupp gegenübersah. Die Russen waren jedoch genauso überrascht. Sofort wandte er sich an den russischen Anführer und erkannte, daß in beiden Trupps mehrere Juden waren. Man beschloß, nicht zu kämpfen, sondern miteinander zu sprechen, setzte sich in einen Granattrichter und tauschte Rum gegen Brot – die Österreicher hatten den Schnaps, die Russen die feste Nahrung. Beim Abschied sagte mein Vater zu seinem russischen Kollegen, der ebenfalls Jude war: »In deiner Armee ist Schnaps verboten; ergib dich uns, dann kannst du trinken.« Der Russe erwiderte: »Nein, in eurer Armee muß man hungern; ergib dich uns, dann wirst du satt.« Da jedoch beide Feldwebel wirkliche Ehrenmänner waren, hätten sie einander Lebewohl gesagt und seien an ihre Linien zurückgekehrt, um den Krieg fortzusetzen.

Nach Wien zurückgekehrt, mußte mein Vater sein Leben neu aufbauen, vor allem Laufen lernen. Als er im Krankenhaus lag, hatte er einen Militärarzt zu seinem Kollegen sagen gehört, daß er wahrscheinlich nicht durchkomme. Dann setzte ihm ein österreichischer Chirurg ein Schienbein aus Silber ein. Die Österreicher gaben ihm auch Krücken mit der Prognose, daß er sie bis ans Ende seiner Tage brauchen werde. Nach einigen Monaten vertauschte mein Vater die Krücken mit einem Spazierstock. Dann legte er auch den weg und ging normal. Als er noch behindert war, hatte Österreichs Nachkriegsregierung ihn vor die Wahl gestellt zwischen einer winzigen Invalidenrente und einer Steuerbefreiung. Als er letztere wählte, lachten die Beamten. Doch er blieb stur, obwohl ein älterer Partner mit der gemeinsamen, vor dem Krieg gegründeten Kleinfirma in Konkurs gegangen war, als mein Vater an der Front kämpfte, und die Wirtschaftskrise der dreißiger Jahre ihm einen weiteren schweren Schlag versetzte. Er hatte meine Mutter, und er hatte mich, und sein Leben schien erfüllt.

Nicht so erfüllt war anscheinend das Leben meiner Mutter, doch es ist äußerst schwierig nachzuvollziehen, was in ihr vorging. Obwohl ich als Kind viel öfter mit ihr als mit meinem Vater zusammen war, kann ich mich an keine wirklichen Gespräche zwischen uns erinnern. Ich erfuhr nur etwas über sie, indem ich sie beharrlich nach ihrer Kindheit und Familie ausfragte, doch sogar beim Nachbohren blieben ihre Auskünfte eher spröde und manchmal verwirrend. Sie behauptete, aus Butschatsch zu stammen, einer Stadt in Galizien, die ebenfalls im äußersten Nordosten des Österreichisch-Ungarischen Reiches lag. Butschatsch, so erfuhr ich, hatte immerhin ein eigenes Gymnasium – als Trittstein für die höhere Ausbildung an einer Universität oder Hochschule. Viel später hörte ich dann, daß sie tatsächlich in dem kleinen Dorf Podzamaczek geboren wurde und aufwuchs, das zwar nahe bei Butschatsch, aber auf der anderen Seite des Flusses Strypa liegt. Wenn sie ihre ausgedehnte Familie beschrieb, sprach sie am liebsten über Naphtali Herz Imber, einen Verwandten meiner Großmutter mütterlicherseits, der in der *Encyclopedia Judaica* verewigt ist als der Dichter der israelischen Nationalhymne *Ha-Tikwah* oder »Die Hoffnung«. Viele Jahre lang lebte ich in dem Glauben, er habe auch die Melodie komponiert, da meine Mutter sagte: »Er schrieb die Ha-Tikwah«, aber die Enzyklopädie klärte den Irrtum auf. Der berühmte Imber hatte nur den Text verfaßt und dabei sogar auf die polnische Hymne »Noch ist Polen nicht verloren« zurückgegriffen.

Meine Mutter war eines von achtzehn Geschwistern, von denen die Hälfte ihre Kindheit überlebten. Der älteste Bruder, ein aussichtsreicher Klassizist, erlag kurz vor dem Ersten Weltkrieg einem Infekt nach Zahnextraktion. Fast alle anderen Geschwister meiner Mutter waren, älter als sie, in die Vereinigten Staaten ausgewandert. In Europa lernte ich meine Tante Augusta Szigeti kennen, die mit ihrem Sohn Alexander im rumänischen Sighet lebte. Augusta, die Geigenbauerin war, hatte viel mehr Geld als wir. Sie besaß ein Haus mit Garten, und ein Chauffeur steuerte ihren Mercedes-Benz. Im März 1939, als die Kriegswolken aufzogen, reiste Alexander, genannt Sanyi, durch den Nahen Osten, auch nach Palästina. Anfang zwanzig, war er bereits von der rumänischen Armee ausgemustert, nachdem er seinen Wehrdienst geleistet hatte, und ich hielt seinen Ausflug für eine Erkundungsreise, um zu prüfen, ob das Gelobte Land gastlicher und liebenswürdiger war als Rumänien. Sanyi kehrte zurück, vielleicht enttäuscht über das Vorgefundene. Er war bereits in der Kunst des feinen Lebens bewandert, wobei mich besonders sein Sinn für schöne Frauen beeindruckte. Auch wenn ich erst elf Jahre alt war, als ich ihn in Prag sah, beeindruckte mich eine junge Dame, die er dort an seiner Seite hatte. Sicherlich war sie Jüdin und wunderschön, wirkte auf mich dabei fast japanisch. Damals war ich in alles Japanische vernarrt, zweifellos beeinflußt durch meinen Vater, der mir gesagt hatte, im Russisch-Japanischen Krieg hätten die Juden Österreich-Ungarns ihrer in Rußland unterdrückten Glaubens-

Das Veni-vidi-vici-Bild der Mutter, 1920;
1923 an den Vater geschickt
(Foto: privat)

brüder gedacht und deshalb inbrünstig für einen japanischen Sieg gebetet. Jedenfalls heiratete Sanyi diese Dame nicht, sondern – so hörte ich nach dem Krieg – eine andere, die hoffentlich nicht weniger schön war. Das Ehepaar hatte einen Sohn, als Augusta, Sanyi und seine Familie im Frühjahr 1944 von den Deportationen nach Auschwitz erfaßt wurden. Dort verschwanden sie im dunkeln.

Meine Mutter hatte auch einen jüngeren Bruder, Heinrich. Er wurde um die Jahrhundertwende geboren und war Kadett der Österreichisch-Ungarischen Armee, bevor diese 1918 zusammenbrach. Damit war sein Dienst in Uniform jedoch nicht beendet. Er diente als Leutnant in der polnischen Armee, kämpfte gegen die Bolschewiken und schied als polnischer Artilleriehauptmann der Reserve aus. Seine militärische Laufbahn ist deshalb so bemerkenswert, weil Heinrich zudem Arzt wurde, ohne den Posten als Artillerieoffizier aufgeben zu wollen. Er lebte in Gdynia an der Ostseeküste, und ich sah ihn bloß ein einziges Mal, als er uns in Wien besuchte. Leider lernte ich nie seine Familie kennen. Ich besitze ein kleines Foto seiner beiden Töchter, das sie einst *dem lieben Raul* schickten, und habe darauf vor allem die ältere, Sziutka, ein hübsches Mädchen, lange betrachtet. Ich weiß nicht genau, was aus Heinrich wurde. Er soll, wie ich von meiner Mutter erfuhr, zwischen September 1933 und Juni 1941 im sowjetisch besetzten Lwow gewesen sein. Dort verliert sich die Spur, denn man hörte nichts mehr von ihm, seiner Frau, Sziutka und ihrer kleinen Schwester.

Nur eine Tante blieb in der Gegend von Butschatsch, aber ich wußte jahrzehntelang kaum, daß Frieda überhaupt existierte. Meine Mutter weigerte sich, irgend etwas über sie verlauten zu lassen. Mit beharrlichem Bohren fand ich heraus, daß Frieda geschieden war. Damit war alles über ihr Leben gesagt. Auch sie verschwand in den vierziger Jahren während der deutschen Besetzung Polens.

Weit weniger schweigsam war meine Mutter, was ihren Vater

anging. Sie hatte schon die Siebzig überschritten, als sie mich einmal in Vermont besuchte und mir verriet, wie sehr sie unter ihm gelitten hatte. Ihr Martyrium begann als ein feinsinniges Mädchen von etwa dreizehn Jahren. Damals starb ihre Mutter, und der Vater heiratete sofort wieder, ohne ein Jahr abzuwarten. »Wirklich?« fragte ich, als ich uns beiden einen Tee braute. »Ja«, sagte sie, »das hat er mir angetan. So, jetzt weißt du es.« Mein Großvater, das muß ich der Vollständigkeit halber hinzufügen, starb ebenfalls in Adolf Hitlers Europa.

Im Nordosten des Österreichisch-Ungarischen Reiches unglücklich, verließ meine Mutter – ich weiß nicht genau, wann – ihre Heimat, um nach Wien zu gehen, wo sie, endlich zufriedener, Buchhalterin wurde und sechsundzwanzigjährig meinen Vater kennenlernte. »Wieso hast du ihn eigentlich geheiratet«, fragte ich sie immer wieder, worauf sie jedesmal mit ärgerlicher Stimme erwiderte: »Ich weiß es nicht. Unter dem Einfluß von Freunden, die mich drängten.« Ja, ja, sagte ich mir. So beriet man damals eine Frau, die sich nicht von einem Mann angezogen fühlte. Zehntausende von jüdischen Soldaten hatten in der Österreichisch-Ungarischen Armee ihr Leben gelassen, womit manch eine junge jüdische Frau zum Alleinleben verdammt war. Mein Vater muß sie also überredet haben. Diese Annahme bestätigte sich nach dem Tod meiner Mutter, als ich die Familienalben erbte. Unter Dutzenden von Porträtaufnahmen meines Onkels – jenes Klassizisten, der vor dem Ersten Weltkrieg einem Besuch beim Zahnarzt zum Opfer gefallen war – befand sich ein Foto meiner Mutter, das sie meinem Vater geschenkt hatte. Bei aller Glut ihrer Jugend war sie damals schon anmutig, stand kurz vor der unverkennbaren Reife einer Frau, die sich zu kleiden, zu bewegen, die sich zu geben weiß. »Deine Mutter war eine reizvolle Frau«, hatte mein verläßlicher Vater gesagt. Nicht so schön wie Augusta, deren Gesicht einen fast blendete, aber … Er wollte meine Mutter, wollte sie wirklich, folgerte ich aus ein paar Schriftzügen auf der Rückseite ihres Fotos. Sie begnügte sich mit zwei Worten: »*Bitte wenden*«, worunter er, offenbar nachdem er ihr Ja-Wort hatte, »*veni, vidi, vici*« setzte – der einzige kecke Spruch, den er sich je erlaubte.

Man könnte erwarten, daß drei Menschen in einer sehr bescheidenen Wohnung enge Familienbande knüpfen müßten, doch im Rückblick wird mir klar, daß ich zwar Zeit mit meinem Vater und mit meiner Mutter verlebte, aber kaum mit beiden gemeinsam. Obwohl mein Vater fast immer zum Mittagessen nach Hause kam, kann ich mich an keine Gespräche zwischen den beiden erinnern. Was nicht für meine Ohren bestimmt war, wurde ohnehin auf Polnisch besprochen, da sie diese Sprache seit der Kindheit beherrschten. Doch einige Male, als sie Deutsch sprachen, uferten Meinungsverschiedenheiten in Streit aus, den immer meine Mutter anfing, wobei sie ihren Mann anschrie: »*Du bist ein Niemand.*« Es war die einzige Beleidigung, die mein Vater nicht gleichgültig hinnehmen konnte, denn selbständig zu sein war der ganze Stolz seines Lebens. Es war keine geringe Leistung, und wenn er schon keine ausdrückliche Anerkennung forderte, konnte er solche Ausbrüche doch nicht einfach übergehen, sondern erwiderte, daß er gewiß *kein* Niemand sei. Daraufhin nannte sie ihn dann Graf Potocki – als Anspielung auf einen polnischen Herrn, der den Juden von Butschatsch im siebzehnten Jahrhundert Sonderrechte eingeräumt hatte.

Diese Auseinandersetzungen hinterließen einen bleibenden Eindruck in mir. Obwohl mich das Selbstwertgefühl meines Vaters überzeugte und ich seine Werte übernahm, entging mir auch nicht der Unterton in den Vorwürfen meiner Mutter: Er genügte nicht den Erwartungen, sie war mit der Ehe hereingefallen, hatte Besseres verdient. Zwar hielt ich zu meinem Vater, beschloß aber, mich besser zu wappnen. Vorerst jedoch unterstützte mich mein Vater nicht, wenn ich seine Partei ergreifen wollte, sondern hielt mir vor, meine Mutter habe immer ihre Pflichten erfüllt. Sie war eine ausgezeichnete Köchin, hielt die Wohnung makellos sauber – wobei indes eine Haushälterin half – und sorgte vor allem sehr gut für mich.

Nur ein einziges Mal erlebte ich mit, daß meine Mutter für meinen Vater eintrat. Das war im November 1938, gleich nachdem mein Vater bei einer Großrazzia gegen Juden festgenommen worden war. Ein Mann zielte mit seiner Pistole direkt auf meine Mutter und forderte sie auf, die Wohnung umgehend zu räumen. Die Juden, brüllte er, hätten das deutsche Volk immer nur ausgenutzt, es um seinen Verdienst und Wohlstand betrogen. In diesem Moment erwiderte meine Mutter ruhig, daß mein Vater immer ehrlich gearbeitet und nie ein Gesetz übertreten habe.

Mein Vater blieb nicht sehr lange in Haft. In einer Liste bemerkte er ein »D« neben seinem Namen und schloß daraus geistesgegenwärtig sofort, daß er für das Konzentrationslager Dachau vorgesehen war. »Meine Herren, das können Sie nicht machen«, sagte er höflich zu den beiden Gestapoleuten, die hinter einem Tisch saßen. »Ach, wir können nicht«, antworteten sie. »Nein«, beharrte er, »ich habe im Weltkrieg gekämpft.« »Einen Moment, du Jude, wo hast du gekämpft?« Mein Vater leierte Regimenterstellungen herunter. »Wir können ihn wirklich nicht nach Dachau schicken«, sagte daraufhin der ältere von beiden Gestapomännern. »Er lügt nicht. Ich war selbst dort.«

Mein Vater wurde zwar freigelassen, aber als ein gebrochener Mann. Ohne gefoltert worden zu sein, kehrte er zu uns zurück, die wir in der Wohnung von Freunden Zuflucht gefunden hatten. Doch von da an war er kein selbständiger Mann mehr. Sein Gewerbe war das eines Zwischenhändlers gewesen: Er kaufte Haushaltsgüter für Kunden, die Kredit brauchten, und sie zahlten ihm Raten. Als dann die arischen oder arisierten Geschäfte 1938 und 1939 alle Geldforderungen gegen Juden eintrieben, konnten oder wollten viele Kunden meines Vaters die Schulden bei ihm nicht bezahlen. Schließlich ermöglichte es uns die Familie meiner Mutter in den Vereinigten Staaten auszuwandern, und als meine Eltern 1940 nach New York kamen, mußten beide in Fabriken arbeiten. Damals zog mein Vater den Schluß, daß er nun in Familiendingen nichts mehr zu sagen oder zu fordern hatte. Seiner Autoritätsgrundlage beraubt, überließ er fortan alle Entscheidungen, die es noch zu fällen gab, meiner Mutter. Allerdings hatten sich die Probleme extrem verengt. Es galt, jeden Pfennig zu sparen, und mein Vater gab so wenig wie möglich aus. Er interessierte sich zwar brennend für Israel, fuhr aber sogar nach seiner Pensionierung nicht hin. Gewiß hätte er mir großzügiger als meine Mutter erlaubt, während des Studiums weniger in Fabriken zu arbeiten, und mir meine angesammelten Schulden erlassen – ein Drittel aller Haushaltskosten für die Zeit, die ich nach dem sechzehnten Geburtstag in New York bei meinen Eltern lebte –, doch er verlangte nie Zugeständnisse an mich. Er hatte meiner Mutter Anfang der zwanziger Jahre versprochen, daß sie nie würde arbeiten müssen, und konnte sein Wort im mittleren Alter nicht halten.

Als er alt wurde, pflegte meine Mutter ihn gut. Beide lebten sozial abgesichert im Ruhestand, sie mit einer kleinen Zusatzrente und er mit einen monatlichen Scheck über rund zehn Dollar aus Österreich als Anerkennung für seinen Schaden aus dem Ersten Weltkrieg. Meine Mutter hatte genügend Zeit, über seine Diät aus Topfenkäse und leichter Kost für Herzkranke zu wachen. Er las viel, aber weniger die Werke seines geliebten Heinrich Heine oder auch Bibelkommentare, als die ausgewählten Abenteuerromane eines Buchclubs. Sein Leben verengte sich zusehends, und eines Tages wurde ich aus Vermont gerufen, um ihn ein letztes Mal zu sehen. »Er hat's nicht geschafft«, erklärte der Chirurg, nachdem mein Vater einem hochdosierten Narkosemittel erlegen war. In diesem Moment brach meine Mutter in Tränen aus.

Lehrjahre

Unsere Wiener Wohnung hatte vier Zimmer. Man erzählte mir, daß sie anfangs noch mit dem Vormieter geteilt wurde, einem älteren Herrn, der rechtzeitig starb. Die Zimmer hatten höhere Decken, als man es in Amerika gewohnt ist, und waren ziemlich geräumig. Eines jedoch, die Diele, füllte halb ein großer weißer Wäschekasten aus, in dem mein Vater seine Verkaufsartikel aufbewahrte. Das Wohnzimmer dagegen war ganz in Schwarz eingerichtet, angefangen bei der verglasten Büchervitrine mit den Werken Goethes, Heines und Dostojewskis neben denen des jüdischen Historikers Heinrich Graetz. An diesen Raum erinnere ich mich am besten. Bis heute habe ich eine Vorliebe für Schwarz, besonders bei Buchdeckeln und Schutzumschlägen. Unsere Möbel waren genau wie das ganze Haus auf generationenlange Haltbarkeit angelegt. Als wir sie 1938 verkauften, gingen einige Stücke an genau jene Leute, die uns vertrieben hatten.

Um keine falschen Vorstellungen von Komfort aufkommen zu lassen, möchte ich betonen, daß die Wohnung kein fließendes Wasser hatte. Ein einziger Hahn draußen auf dem Flur diente für das ganze Stockwerk. Auch die Toiletten, für jede Familie eine mit eigener Türe, lagen auf dem Gang. Der schmale Korridor am Hauseingang mündete in eine Wendeltreppe aus Stein. Wir besaßen einen Eisschrank, Telefon und Radio, aber zumindest bis 1938, als ich ständig Nachrichten hörte, beachtete ich diese Annehmlichkeiten kaum.

Der XX. Bezirk, in dem wir wohnten, bildete gemeinsam mit dem II. eine Insel zwischen Donau und Donau-Kanal. Unser Haus lag nahe am Kanal, und ich lief viele Stunden an seinen Ufern entlang. Da ich keine Geschwister hatte, strolchte ich oft allein herum, inmitten von Büschen gen Himmel starrend. Einmal blickte ich auf und sagte mir: Morgen werde ich acht. Noch heute gehe ich vor Geburtstagen abends gerne spazieren – zur Bestandsaufnahme.

Schon früh stieß ich auf ein Problem, das sich fast jedem stellt: Wir leben nicht endlos. Diese Einsicht ist gar nicht so leicht für einen Schuljungen, dessen Leben gerade erst beginnt. Ich erinnere mich noch, wie ich in dem Steinkorridor stand und aus einem Fenster in den Hof hinabsah, wo Bettler um Groschen sangen und meine Mutter den Staub aus unseren Teppichen klopfte. Kurz kam mir der Gedanke hinauszuspringen. Es war das einzige Mal, daß mich eine solche Versuchung befiel. Als Erwachsener gelangte ich zu der Überzeugung, daß wir gleichsam in unseren Körper eingesperrt sind, der sich früher oder später selbst zerstören wird. Insofern setzte ich auf Kontinuität statt Ewigkeit, womit mir als letzte Zuflucht nur Sinn *im* Leben, jedoch kein Sinn *des* Lebens blieb.

Martin Luther sagte einmal, ohne seinen Gott würde er sich besser als Schwein im Schlamm suhlen. Tatsache ist indes, daß ich keinen Gott habe. Für diese Sachlage ist wenigstens teilweise mein Vater mitverantwortlich. Sein großes Idol war Baruch Spinoza mit seiner Lehre, daß der grenzenlose Gott alles durchzieht, jeden Stein und jeden Menschen. Viel später schloß ich, daß man eine solche These mühelos auf eine Tautologie reduzieren und ebenso gut sagen kann: Eins ist eins, zwei ist zwei oder drei ist drei. Mein Vater hatte mir nicht mitgeteilt, daß die holländischen Juden des siebzehnten Jahrhunderts sofort die Konsequenzen einer Philosophie erkannten, in der Gott vollständig im Universum aufging, und Spinoza prompt exkommunizierten. Allerdings mutmaßte ich schon, daß Glaube und Unglaube bei meinem Vater wenig mit Religion zu tun hatten.

Er schleppte mich in die Synagoge, um meinen Charakter zu prägen. Er wollte, daß ich die Worte der Bibel auf Hebräisch verstehen lernte. Wie kaum anders zu erwarten, lehnte ich mich auf. Bereits gegengesinnt, wandte ich mich von der Religion ab, die mir zuerst belanglos erschien, mich dann auf die Palme brachte. Gleichwohl fesselten mich die religiösen Künste, besonders die Musik, und nicht nur die jüdische. Bis heute lausche ich hingerissen der Russisch-Orthodoxen Liturgie. Die Stimme eines russischen *basso profundo* hat etwas Durchdringendes, der russische Chor etwas Schwebendes. Mich beglücken die großen Italiener, besonders der faschistische Tenor Beniamino Gigli in Verdis *Requiem*. Als mir einmal jemand in einem Schallplattengeschäft sagte, er könnte ohne Vivaldis Vertonung des 109. Psalmes – das *Dixit* – gar nicht leben, nickte ich voller Verständnis. In Paris hatte ich das unglaubliche Glück, eine Aufführung von Rossinis *Stabat Mater* mitzuerleben. Als ich erstmals eine Aufnahme des »italianisierten« *Laudamus Dominum* vom jungen Mozart hörte, war ich von der Melodie durchdrungen. In einem Gespräch mit einem sehr gebildeten Monsignore fragte ich, warum man Beethovens *Missa Solemnis* nicht häufiger in den Kirchen höre. Er erwiderte, die Musik sei so übermächtig, daß der Zuhörer nicht Gott, sondern Ludwig van Beethoven anbete. Ähnlich ergeht es mir, wenn ich die Moschee des Felsendomes betrete, Jusepe Riberas Gemälde »Die Heilige Agnes« betrachte oder die *Genesis* lese.

Im Österreich der dreißiger Jahre waren auch jüdische Kinder nicht gefeit vor dem penetranten Katholizismus des Landes. Einer meiner Volksschullehrer, ein zum Katholizismus konvertierter Jude, sagte der Klasse das Vaterunser vor. Vorsichtig erläuterte er, daß die jüdischen Kinder nicht mitbeten müßten, aber doch mitsprechen könnten, weil das Gebet »so schön« sei. Mit nichts hätte dieser Mann eine tiefere Abneigung gegen das gesamte Neue Testament in mir wecken können. Mehr als ein halbes Jahrhundert verging, bis mich dieses Schriftwerk zu interessieren begann. Um das Handeln des Propstes Bernhard Lichtenberg zu verstehen, der 1941 in Berlin öffentlich für die Juden betete, wofür ihn ein deutsches Gericht aburteilte, griff ich zu den Evangelien und las sie an einem Abend. Erst da lernte ich ihre Kraft zu schätzen.

Kinder stehen nicht nur unter dem Einfluß von Erwachsenen. So ließ mich mein Freund Heinz Aschkenasi, der nur ein Jahr älter war als ich, an vielen seiner Interessen und Hobbies teilhaben – besonders der Geographie. Ich muß ihm schon mehrere Jahre lang gefolgt sein, bis er den weiteren Schritt in die Astronomie vollzog. Später hörte ich noch von ihm, als er mir nach seiner Emigration ins süd-bolivianische Tarija ausführliche Briefe über die örtliche Flora und Fauna schrieb. Was immer er sonst noch sagte: Das Wort *Geographie*, mit feierlichem Ernst ausgesprochen, blieb mir im Bewußtsein.

Während der Kindheit hielt mir meine Mutter, aber auch mein Vater, ständig vor Augen, wie gut ich es hätte. Man ersparte mir jegliche Entbehrung. Weder Hunger noch Armut verdüsterten meine Tage. Also hätte ich eigentlich wunschlos glücklich sein müssen. Tatsächlich war ich es auch, beim täglichen Kaffee oder in jenen bedeutsamen Momenten im Sommer, wenn meine Mutter und ich in einen Zug einstiegen, um zu verreisen, je weiter, desto besser. Die geradlinige Erfahrung der Bahnfahrt weckte mein Raumgefühl. Ich brauchte ein Fenster, nicht nur um etwas zu sehen, sondern auch um das Tempo zu schätzen. Ich mußte dem rhythmischen Rattern lauschen, das man nicht mehr hören kann, seitdem die Schienen nahtlos verschweißt sind. Züge erschlossen mir eine Welt. Bevor ich zum Atheismus fand, malte ich mir aus, nach einem ziemlich langen Leben weiter mit Zügen zu fahren – unsichtbar, als Geist oder Seele, ohne Fahrkarten lösen oder Plätze reservieren zu müssen. Bis heute zieht mich die Eisenbahn magnetisch an, doch als Erwachsener verbarg ich das selbstverständlich, da ich glaubte, es gelte als kindlich, wiewohl ich bereits wußte, daß diese Erfindung der Industriellen Revolution gerade in Deutschland und Österreich gewaltige psychische Auswirkungen hatte. In den modernen deutschen Zugabteilen erhalten die Fahrgäste nach wie vor Streckenpläne mit den jeweiligen Entfernungen und Ankunftzeiten, womit sie unterwegs das Tempo ausrechnen können. In den Vereinigten Staaten mit ihren vergleichsweise langsamen Personenzügen, die meist keine günstige Verbindung zwischen Städten mehr darstellen, mußte ich meine alte Liebe auf Flughäfen und Flugzeuge übertragen.

Die Vertrautheit mit Zügen beeinflußte auch meine Arbeit, denn ich widmete ihnen ein ausgedehntes Forschungsprojekt. Vor allem wollte ich der Beförderung von Juden in ihren Tod nachgehen. Deutschland setzte die Eisenbahnen nicht nur ein, um Nachschub und Truppen zu bewegen, sondern auch für die sogenannte »Endlösung«, wobei Juden aus ganz Europa in Vernichtungslager oder an Erschießungsstätten zu bringen waren. Die Verwaltungsgänge des äußerst umfangreichen Bahnapparates waren fast nicht nachvollziehbar. Ich suchte ein Archiv nach dem anderen auf, grübelte über Sonderzüge, die Bereitstellung der Wagen, die speziellen Fahrpläne und die Finanzierung nach. Als ich gerade meine Studie abgeschlossen hatte, besuchte mich Claude Lanzmann in Vermont, um mit mir über seine Idee zu reden, einen Monumentalfilm über die jüdische Katastrophe zu drehen. Er hielt mir ein Dokument der Reichsbahn hin, das er aufgespürt hatte, und ich griff danach wie ein Süchtiger, um ihm den hieroglyphischen Inhalt zu erklären. »Das muß ich filmen«, sagte er, und ich wiederholte meine Analyse vor laufender Kamera. Später lieh sich Lanzmann von der polnischen Regierung einen Zug. Ein pensionierter Lokomotivführer, der Juden ins Vernichtungslager von Treblinka gebracht hatte, übernahm noch einmal das Kommando. Dieser Zug kreist den Film ein, taucht immer wieder wie aus einem Tunnel auf, fast ein Fanal für das Ende des jüdischen Volkes in Europa.

Mit zehn Jahren bekam ich ein wunderbares Buch. Obwohl es nicht zu meinem Vergnügen erworben wurde, sondern zu den Lehrmitteln meines künftigen Gymnasiums zählte, zog es mich sofort in seinen Bann. Es war ein Atlas – ein wahres Meisterwerk der Kartographie, fürs Auge gemacht, mit fein schattierten Karten, auf denen alle Unterschiede zwischen großen und kleinen Flüssen, tiefen und flachen Gewässern, hohen und niedrigen Gebirgen deutlich hervortraten. Die Bahnlinien erschienen durchweg rot, bei den Städten zeigten verschiedenartige Kreise und Buchstaben ihre Größe an. Bald vollzog ich einen Sprung von topographischen Merkmalen zu internationalen Grenzen. Hier war etwas Neues: die politische Welt, die Welt der Macht. Fast unnötig zu sagen, daß die Gebietsverluste Deutschlands und Österreichs im Ersten Weltkrieg auf mehreren Blättern dargestellt waren, während Palästina verständlicherweise in einer arabischen Wüste unterging. Als Ausgleich für diesen sträflichen Umgang mit Palästina gab uns das jüdische Chajes Realgymnasium später eine Karte, auf der jede Siedlung im jüdischen Heimatland verzeichnet war.

Ich wurde nie Geograph, versuchte aber mit etwa elf Jahren, einen kurzen geographischen Text in der Pflichtsprache Latein abzufassen – gewiß in der irrigen Annahme, mein Werk würde bewundert werden. Obwohl ich Latein einige Jahre später ebenso restlos vergessen hatte wie Hebräisch, blieben mir die Karten jahrzehntelang im Gedächtnis. 1938 und 1939 half mein geographisches Wissen sogar mehreren Juden bei ihren Auswanderungsplänen, wenn sie mich etwa fragten: »Raul, wo liegt Barbados? Wo liegt Trinidad?« Doch für mich wurde Geographie mehr als bloß eine Ansammlung von Ortsnamen, denn ich begann, räumlich zu denken. Als ich später Völkerrecht studierte, begriff ich ohne weitere Erklärung, was in diesem Kontext »Staatsgebiet« bedeutete, und als ich mich mit dem Deutschen Reich befaßte, seinen besetzten Gebieten und Satellitenstaaten, sah ich es in dem besonderen Raum der erweiterten und ausgedehnten Maßnahmen gegen die Juden.

Daß ich mich in die Geographie nicht noch mehr vertiefte, geht hauptsächlich auf fehlende mathematische Kenntnisse zurück, doch gewiß blieb ich in den kartographischen Künsten auch deshalb stehen, weil ich die Geschichte entdeckte. Zwar hatten wir im Geschichtsunterricht schon einmal von »Chronologie« gehört, aber das Herleiern der Kaiser des Heiligen Römischen Reiches erzeugte einen nebulösen Eindruck von Stillstand, und der Wiener Geschichtsunterricht erstickte praktisch jedes Gefühl dafür, daß Entwicklung oder gar Veränderung irgendeine Rolle spielten. Dann trat ein Mann auf, der allen die Allgegenwart des Historischen nachdrücklich vor Augen führte: Adolf Hitler. Die Wirkung seines Auftritts war unverkennbar. Im Hausflur weinte eine christliche Nachbarin, weil ihr tausend Jahre altes Österreich nun nicht mehr bestand. Tags darauf wurden von den oberen Stockwerken der Wohnhäuser kolossale Hakenkreuzbanner ausgerollt, Hitlerfotos erschienen unter den Fenstern, und durch die Straßen marschierten Jugendliche mit Trommeln. Die Juden rückten zusammen, atmeten die verhängnisvolle Luft und ahnten, was ihnen blühte, wenn sie nicht rechtzeitig auswanderten. »Hitler wird uns an die Wand stellen«, sagte mein Vater.

Meine Kindheit war mit einem Schlag beendet. Ich hörte alles, was die Erwachsenen sprachen, nahm an ihren Ängsten teil. Da mich das Schreckgespenst der unaufhaltsamen Ereignisse in seinen Bann zog, entging mir nichts mehr: Endlose Lastwagenkonvois voller Soldaten, auf dem Weg zur tschechoslowakischen Grenze, Hitlers Ankündigung, er werde – komme, was wolle – am 1. Oktober 1938 ins Sudetenland einmarschieren, die Besetzung Prags, japanische Offensiven in China, Sieg der Falangisten im Spanischen Bürgerkrieg. Als ich aus dem Fenster starrte und das Schauspiel betrachtete, durchzuckte mich ein Gedanke: Eines Tages werde ich über alles schreiben, was ich hier sehe.

Am 2. April 1939 fuhren wir mit einem Zug, der gemächlich über die Rheinbrücke zwischen Kehl auf der deutschen und Straßburg auf der französischen Seite rollte. Auf dem Gang sprach eine deutsche Frau meine Mutter an und fragte sie neugierig, was sie vom Nazi-Regime halte. Sie war eine Modeeinkäuferin auf dem Weg nach Paris, wo sie die Haute Couture sondieren wollte – das einzige Gebiet, auf dem Deutschland noch eine Überlegenheit Frankreichs anerkannte. Meine Mutter erwiderte, daß sie vor der Ankunft in Straßburg nichts dazu sagen wolle. Einige Minuten später waren wir frei und – um unseren neuen Status richtig zu benennen – Flüchtlinge. In meinen Augen war diese Veränderung, obwohl uns Entwurzelung und Armut bevorstanden, rundherum vorteilhaft. Meine Eltern sorgten noch für mich, und aus meiner Sicht waren *sie* auf der ganzen Linie von der Familie meiner Mutter und gelegentlich jüdischen Flüchtlingshilfswerken abhängig. Ich hingegen war wohlgemut. Nicht nur war ich dem Nazideutschland entkommen, ich lernte auch schnell immer mehr von der Welt kennen. Eine Woche lang hielten wir uns in Paris auf, bis wir unser Schiff in La Rochelle besteigen konnten. Schon damals war Paris für mich eine Offenbarung. Ich dachte daran, daß Heinrich Heine dort gelebt hatte. Zwar ist der Rhein in Düsseldorf, woher er stammte, breiter als die Seine, und manchmal vermißte er Düsseldorfs Altstadt – in der er geboren war und als Kind lebte –, aber Paris muß ihn ebenso unwiderstehlich angezogen haben wie mich. Paris bietet, vielleicht mehr als jede andere mir bekannte Stadt, für jeden etwas; und dort verliert man sich nicht, kann sich jedoch finden. In den folgenden Jahrzehnten hatte ich Gelegenheit, meinen Eindruck in regelmäßigen Abständen zu überprüfen, wobei es nie eine Rolle spielte, was ich zu tun hatte. Noch 1988, an meinem zweiundsechzigsten Geburtstag, konnte ich mich an einem Spaziergang durch die Menschenmengen der Champs-Élysées berauschen.

Im April 1939 hielt meine Erregung an, als wir mit dem Zug nach La Rochelle weiterfuhren. Unterwegs nach Süden bemerkte ich die Soldatenmassen auf den Bahnhöfen, darunter auch Afrikaner, und zog daraus einen Schluß, der sich als mein erstes weltpolitisches Fehlurteil erwies: Sollte Deutschland versuchen, Frankreich erneut anzugreifen, dann würde es daran verbluten.

Die *Reina del Pacifico* war ein englisches Schiff, mit eben solcher Küche. Während der elftägigen Überfahrt war ich meistens seekrank, doch an einigen Tagen, als der Dampfer in die tropische Zone fuhr, versuchte ich, mich auf dem Deck für die

Passagiere der dritten Klasse aufzuhalten. In dem kleinen Gemeinschaftsraum war ein Plattenspieler mit einer einzigen Schallplatte, so daß immer und immer wieder die *Donkey [Esel] Serenade* ertönte. Vielleicht drückte diese Musik unverblümt aus, was die britische Reederei von uns Passagieren hielt – jüdischen Flüchtlingen auf dem Weg ins kubanische Havanna, bürgerliche Chinesen aus Kanton, das wenige Monate vorher von den Japanern eingenommen worden war, unterwegs nach Südamerika, sowie kubanische Kommunisten, die als Freiwillige auf der Verliererseite des soeben beendeten Spanischen Bürgerkrieges gekämpft hatten und nun heimkehrten.

Mein kubanisches Intermezzo dauerte gut vier Monate, doch ich wäre gerne noch in Havanna geblieben, wo ich mich quicklebendig fühlte. Wir wohnten in einem »Hotel« im alten Teil der Stadt, an der Ecke Calle Habana/Calle Muralla. Das Haus war überfüllt mit jüdischen Flüchtlingen, seine Zimmer bloße Verschläge ohne Decken, mit dem nackten Dach darüber. Wenn jemand Licht anmachte, fiel der Schein auch in alle anderen Zellen. Duschen und Waschräume lagen am Ende der Halle, und jede Familie hatte ihren Tisch mit Stühlen auf dem Flur. Der Sommer war heiß, überall schwirrten Insekten herum, von Schaben bis zu gewöhnlichen Fliegen. Ich sehe noch eine arme Flüchtlingsfrau vor mir, die Ameisen in ihrem Brot fand und es dann scheibenweise in die Sonne legte in der Hoffnung, die Plage würde verschwinden.

Mein Vater und ich wanderten viel durch Havanna, begleitet vom Lärm der aus den offenen Fenstern schallenden Musik. Einige der Trottoirs waren so schmal, daß vorüberfahrende Straßenbahnen die Passanten zwangen, sich an die Fassaden zu drücken. Überall ertönten laute Stimmen und Rufe. Die allgegenwärtigen, auf Karren feilgebetonen Orangen wurden halbiert, und die Kunden aßen sie auf der Straße, indem sie sich das Fruchtfleisch der Hälften in den Mund preßten. Kellner gossen Kaffee und Milch beidhändig ein, während der Gast mit seinen Anweisungen für die gewünschte Mischung sorgte. Fünfzig chinesische Lokale, die *Fonda*, verteilten sich über die Stadt und boten preisgünstige Mahlzeiten an. In einem Amphitheater spielten Polizei- und Armeekapellen eintrittsfrei für das Publikum. Ihre Konzerte bestanden immer aus zwei Teilen: Zuerst kamen klassische Werke wie Wagners *Tannhäuser*-Ouverture, wofür es höflichen Applaus gab, doch im zweiten Teil endlich traten die kubanischen Rumba- und Kongainstrumente hinzu, und das Publikum ging immer begeisterter mit, bis es unter den rhythmischen Klängen zu wogen begann.

In Kuba hatte ich zudem volle Freiheit. Damit meine ich nicht, was ein Erwachsener genießt, der gerade ein totalitäres Land verlassen hat, sondern das Entfallen aller schulischen Zwänge. Unsere Bücher waren zwar eingelagert, aber drei Bände, darunter der Atlas, hatte ich immer bei mir. Die anderen beiden waren: der Roman eines Deutschen, der als Vagabund in Güterzügen kreuz und quer durch die Vereinigten Staaten gereist war, und eine Sammlung von Shakespeare-Stücken, natürlich auf Deutsch. Die Stücke las ich ebenso zu meinem Vergnügen wie den Roman. Daneben gab es jedoch zwei Pflichtfächer. Mein Vater selbst nahm sich des Hebräischen an, da er befürchtete, daß es mir wieder entfallen würde. Er bemühte sich nach Kräften, mich möglichst viel von der *Genesis* im Original auswendig lernen zu lassen. Die Ausdruckskraft des Hebräischen, versicherte er mir, sei ein wahres Wunder: Keine andere ihm bekannte Sprache könne Inhalte so prägnant wiedergeben. Mit jedem solchen Satz, den ich mir einprägte, würde ich auch ein besserer Mensch. Ich begriff die *Genesis* gut, und sie beeinflußte meinen Stil unverkennbar. »Sie schreiben sehr kurze Sätze«, klagte einmal ein Lektor. Daran hat sich nichts geändert, obwohl ich die Marotte manchmal mit Bindewörtern und, ganz selten, mit Semikolons kaschiere. Mein Hebräisch war jedoch nicht zu retten – ebensowenig wie das Latein. Ich hatte also mit den falschen Sprachen angefangen. Viele Jahre später las ich den Artikel eines Kollegen über das Schicksal der norwegischen Juden. Als ich eine bestimmte Fußnote nicht verstand, rief ich den Autor an, um sie mir erklären zu lassen. Er rang mit einer Antwort, verglich die Quelle mit der Fußnote, und platzte schließlich heraus: »Raul, warum kannst du eine so wichtige Sprache wie Norwegisch nicht?« Zweifellos war er im Recht, hätte auch noch das Lettische oder Litauische aufführen können ...

Im übrigen mußte ich auf Kuba eine neue Sprache lernen, aber nicht etwa Spanisch – denn ich würde die Insel ja schon bald wieder verlassen –, sondern Englisch, das ab jetzt meine geistige Welt werden sollte. In Wien hatte ich Englisch bereits in den Sendungen des BBC gehört und wußte, daß man für diese Sprache den Mund verziehen mußte. Ich übte diese Verrenkungen vor dem Spiegel, stieß dabei auch ganz, wie es sich gehörte, mit der Zunge an. Der Englischlehrer am Gymnasium war sehr praktisch vorgegangen. Er quälte uns nicht mit Grammatik (ich erfuhr bald, daß es gar keine gab – jedenfalls an deutschen, lateinischen oder hebräischen Maßstäben gemessen), sondern lehrte uns: »Pat a cake, pat a cake, bakersman.« Mein Lehrer in Havanna hielt Kiplings *Dschungelbuch* für mein Alter angemessen, machte mich so immerhin mit einem Autor bekannt. Als ich dann aber in die Vereinigten Staaten kam, war ich nicht einmal imstande, jemandem die Uhrzeit zu sagen.

Die Vereinigten Staaten steuerten ihre Einwanderung mit jährlichen Quoten, bezogen auf das jeweilige Geburtsland. Da meine Eltern aus einer Region Österreich-Ungarns stammten, die zwischen den beiden Weltkriegen zu Polen gehörte, fielen sie unter die relativ geringe polnische Quote. Mein Geburtsland, Österreich, galt bei den Quoten als Teil Deutschlands, so daß ich unter der viel höheren deutschen Quote in die Vereinigten Staaten einwandern durfte. So kam es, daß mein Vater die drei Anträge zwar gleichzeitig beim amerikanischen Konsulat in Wien eingereicht hatte, meine Eltern aber zehn Monate länger warten mußten als ich.

Nach der Überfahrt in Obhut eines kubanischen Ehepaares kam ich am 1. September 1939 in Miami an, wo mich die Presseschlagzeile KRIEG AUSGEBROCHEN begrüßte, auf die ich indes nichts gab, da ich gehört hatte, amerikanische Zeitungen würden alles mögliche drucken, bloß um ihre Auflage zu steigern. Auf meiner zweitägigen Fahrt nach New York dachte ich nicht an Europa. Die winzigen Busfenster gewährten mir erste Eindrücke von Amerika, doch nur ein Anblick blieb mir in Erinnerung: Als wir den Süden durchquerten, sah ich dort Bänke mit der Aufschrift *Für Farbige*. So dachte ich darüber nach, daß ich, dem Wiener Parkbänke mit dem Hinweis *Nur für Arier* verboten waren, mit einem Schlag besser dastand als viele gebürtige Amerikaner.

Am 3. September sah ich mehrere Angehörige meiner Mutter: meine Tante mütterlicherseits Adela und fast alle ihre Kinder. Die Vettern waren erheblich älter als ich. Einer von ihnen, bei dem ich in den ersten beiden Wochen wohnte, hatte eine kleine Tochter, die Vorhut der nächsten Generation. Später zog ich um zu Adela, ihrem Mann und ihren beiden erwachsenen ledigen Kindern. Adelas Tochter Gertrude spielte Geige und besaß die Gabe, Kindern zu zeigen, wie man den Bogen hält und damit über die Saiten streicht. Ich mochte Gertrude besonders gern.

An meinem ersten Tag in New York richtete sich zwar das Augenmerk der Familie naturgemäß ganz auf mich, aber die neugierigen Fragen wurden durch Radiomeldungen über die britische und französische Kriegserklärung an Deutschland unterbrochen. Der Krieg hatte tatsächlich begonnen, zumindest für die von deutschen Truppen überrannten Polen. Ich beschloß, ab sofort ein Tagebuch zu führen. Alle Einträge – für jeden Tag eine Zeile – betrafen den Fortgang des Krieges. Ich las also die Kriegsberichte, um dann gewissenhaft alle Geländegewinne und Eroberungen von Städten einzutragen.

In New York blieb mir die Schule nicht länger erspart. Schon wenige Tage nach meiner Ankunft wurde ich bei der Abraham

Lincoln High School angemeldet, die ich drei Jahre lang besuchen sollte. Als ich dort mit einem der Vettern in einem kleinen Raum auf das Vorgespräch und Anmeldeformulare wartete, fiel mir ein älterer Herr mit Sohn auf, die das gleiche Anliegen hatten wie wir. Der Mann kam auf mich zu und fragte auf Deutsch, ob ich ein Hilberg sei. Er habe mich zwar noch nie gesehen, aber meinen Vater in Wien gekannt. Erich Marder (später Eric), sein Sohn, wurde mir ein Freund fürs Leben. Sowohl Eric als auch ich wohnten ungefähr sechs Kilometer von der Schule entfernt. Um den Fahrpreis von fünf Cent zu sparen, gingen wir oft zu Fuß heim, vertieft in Gespräche über jüdische Politik und die großen Lebensprobleme. In den folgenden etwa fünfzig Jahren ließen wir Themen der jüdischen Politik zunehmend fallen, wir diskutieren jedoch nach wie vor über die uns wichtigen existentiellen Fragen.

Noch heute, im Rückblick auf jene Zeit, muß ich tief Luft holen, um mich zu beruhigen. Ich empfand das Klima der Schule als unerträglich autoritär. Die Flure wurden von Schülerstreifen bewacht. Dem ersten Stundenplan zufolge sollte ich täglich in einem Raum mit dreistelliger Nummer sowie einem »L« antreten. Tag für Tag suchte ich verzweifelt nach einer Nummer mit »L«, ohne sie zu finden. Endlich erfuhr ich, daß mit dem Raum bloß die Anwesenheitsprüfung gemeint war und das »L« für »late session« (Spättermin) stand. Meine Panik verfolgte mich noch jahrzehntelang in meinen Träumen. Dazu war der Sportunterricht grauenhaft, zerstörte das Mindestmaß an Würde und Scham, das Menschen jeden Alters außerhalb der Armee zustehen müßte. »Ich kann deine elende Haltung nicht ausstehen«, fuhr mich der Sportlehrer an. Auch in den übrigen Stunden bekam ich wenig Lichtblicke. Naturwissenschaftliche Fächer und Mathematik wurden unterrichtet, um Genies heranzuzüchten – und die Unbegabten auszusieben. Diese Disziplinen freilich sollten, wie ich von Anfang an hätte wissen müssen, nicht den Grundstein meiner geistigen Entwicklung bilden. Zudem der Unterricht in europäischer Geschichte, bei einer Lehrerin, die ihre kommunistischen Vorlieben nicht verbergen konnte, war einfach lachhaft.

Zur Ehrenrettung dieses Instituts fallen mir ganze drei Punkte ein. Einmal der Sprachkurs für ausländische Kinder, um deren Akzente zu bekämpfen. Heute wünschte ich mir, er hätte länger gedauert. Zum anderen der Kurs »kreatives Schreiben«, bemerkenswert nicht wegen des darin Gelehrten, nämlich beinahe nichts, sondern als ein Hort der Freiheit. Zum dritten muß ich unseren Lehrer für amerikanische Geschichte erwähnen, Alfred Nussbaum – der das »u« in seinem Namen aussprach wie in dem Wort »naß«. Mr. Nussbaum war ein Anhänger des heute nahezu vergessenen Charles Beard, der die ökonomische Wurzel von Geschichte und Politik betonte. Für mich war ein solcher Ansatz viel zu eng, und ich hätte Mr. Nussbaum vermutlich längst vergessen ohne seine Eigenart und einen ganz besonderen Vorfall – beide ungewöhnlich.

Mr. Nussbaum war völlig von der Bedeutung seiner Lehren überzeugt, was ja die Grundvoraussetzung für jeden sinnvollen Unterricht ist. »Seht ihr das denn nicht?« drängte er immer bei Punkten, die man unbedingt begreifen mußte, um keinen bleibenden geistigen Schaden davonzutragen. Einmal hatte ich meine Hausaufgaben nicht gemacht, die er stets zu Beginn der Stunde auf einem Gang durch die Reihen prüfte. Es war Montag, der 8. Dezember 1941. Am Sonntag hatte ich alle üblichen Arbeiten niedergelegt in dem klaren Bewußtsein, daß Japans Angriff auf die Vereinigten Staaten und Großbritannien ein neues Kapitel in der Geschichte eröffnete. Als Mr. Nussbaum fragte, warum ich meine Hausaufgaben nicht gemacht habe, versuchte ich gar nicht erst, mich zu entschuldigen. »Weil ich kein Historiker bin«, sagte ich bissig. »Aber du *bist* doch ein Historiker«, gab er ruhig zurück. Etwa fünfundvierzig Jahre später kam er zu einem Vortrag, den ich, im Rahmen einer kleinen Konferenz über den Holocaust, an der City University of New York hielt. In einer Pause erzählte ich dem Kollegen Lucjan Dobroszycki die Geschichte meines

Wortwechsels mit Nussbaum vom 8. Dezember 1941. »Seltsam«, erwiderte Dobroszycki, »soeben hat mir Nussbaum das gleiche erzählt.«

Vor nicht allzu langer Zeit rief mich der Rektor der Mittelschule in Vermont an und fragte mich, ob ich bereit wäre, dort eine Ansprache zu halten. Ich lehnte sofort ab, da ich sehr viel zu tun habe und die Zeit für eine Reise nicht erübrigen könne. In Wahrheit hatte ich die Schule seit meinem Abgang nicht mehr betreten und war immer davon überzeugt, daß praktisch alle Ehemaligen der Anstalt verschwiegen, dort eingesessen zu haben. Dann jedoch zeigte mir ein Biochemiker von unserer medizinischen Fakultät, der – wie sich herausstellte – auch jene Schule besucht hatte, einen zweiseitigen Rundbrief, den der Rektor an mehrere Ehemalige verschickt hatte. Offenbar hatten es einige davon zu etwas gebracht. Einer war der Romancier Joseph Heller, der wahrscheinlich auch die besagte Lehrerin für kreatives Schreiben hatte. Daneben gab es noch drei Nobelpreisträger in den Naturwissenschaften.

1939 war ich ein dreizehnjähriger Schüler – 1942 sechzehnjähriger Kollegiat. Die ersten beiden Jahre am Brooklyn College waren noch beklemmender als die vorherigen drei an der Mittelschule. Nebenbei arbeitete ich in Fabriken von Manhattan, und auf Betreiben meines Vaters, der fest an die Zukunft der Chemie glaubte, konzentrierte ich mein Hauptstudium auf dieses Fach. Mein Elend wuchs. Wenn ich in der U-Bahn einen Sitzplatz bekam, las ich querfeldein – sei es Hemingway oder Tolstoi, Spengler oder Nietzsche. Schließlich wurde ich achtzehn. Der Krieg war noch im Gange, und die amerikanische Armee befreite mich von der Chemie.

Am Scheideweg

Ein außergewöhnlich scharfsichtiger Feldwebel sagte mir bereits in der Grundausbildung, ich könnte entweder Korporal oder Oberst werden, taugte aber nicht für einen militärischen Rang dazwischen. Anfangs war ich ein schlechter Soldat, weil ich »Losungen« wie die unsinnigen »allgemeinen Wachbefehle« weder akzeptieren noch auswendig lernen konnte. Als der Kompaniekommandeur anordnete, ich bekäme keinen Ausgang für die Stadt Spartanburg (South Carolina), traf er mich sonntags recht zufrieden im Lager an. Daraufhin bekam ich den Ausgang als Strafe. Als er wissen wollte, *weshalb* ich als einziger Mann der Kompanie die allgemeinen Befehle nicht lernte, antwortete ich, daß ich sie mir offenbar nicht merken könne. Er wurde wütend, dachte sogar daran, mich in eine Offiziersschule zu stecken. Zwar wurde aus mir kein Offizier, aber ich interessierte mich sehr für den Krieg und bekam den Auftrag, ihn den anderen Rekruten meiner Kompanie zu erklären.

Mein Feld war nicht nur die Gesamtstrategie. Ich fragte mich auch, weshalb amerikanische Infanteristen die »Browning Automatic Rifle« mit Ladestreifen benutzen mußten, mit der ein Könner zwar gezielte Einzelschüsse abgeben konnte, die aber mit 103 Teilen störanfällig war, während die Deutschen ein leichtes Maschinengewehr besaßen – das, mit hoher zyklischer Feuerfolge sowie einem Lauf, der sich bei Überhitzung in Sekundenschnelle auswechseln ließ, die reinste Schreckenswaffe war. Die amerikanische Handgranate erschien mir als eine Huldigung ans Baseballspiel, und ich bedachte ernsthaft, daß Infanteriewaffen – ungeachtet aller Sachzwänge des Kampfes in Übersee und der damit verknüpften Nachschubprobleme – auch vom Nationalcharakter zeugen könnten. Der Amerikaner, so vermutete ich, reagierte zwar bedeutend schneller als sein deutscher Gegner, und fand immer neue Wege, in brenzligen Situationen sofort zu handeln, doch aus dem gleichen Grunde drehte er bei Artilleriesperrfeuer durch, als sitze er in der Falle, weil er nicht mit dem Durchhaltevermögen und Fatalismus seines europäischen Feindes gewappnet war. Das waren einige meiner Gedanken während der ersten Monate in Uniform.

An Bord eines Truppentransporters war ich sofort blitzwach. Alles, was ich sah oder hörte, prägte sich mir fest ein. Mir blieben jedoch jene furchtbaren Kriegserlebnisse erspart, die Millionen erlitten. Ich mußte nichts erdulden, was mit den langen Qualen meines Vaters zu vergleichen wäre. Ich wurde weder verwundet noch ausgezeichnet. Im Unterschied zu so vielen anderen amerikanischen Soldaten wurde ich nicht bei Anzio bombardiert, überquerte nicht den Fluß Rapido und robbte nicht unter verebbendem Feuer bei der Landung am Omaha Beach an Land. Jahre- und jahrzehntelang sagte man mir, daß ich mir gar nicht vorstellen könne, wie es wirklich war. Ich hörte diesen Satz immer wieder, nicht nur von Amerikanern, sondern auch von einem beinamputierten deutschen Veteranen, der 1941 bei Demyansk eingekesselt war, sowie von Menschen, die Auschwitz überlebt hatten. Ich kam nur sehr kurz mit dem Krieg in Berührung. Obwohl ich ein Gewehr trug, bekam ich weniger ab, als ich beobachtete.

Ich erinnere mich noch genau eines Moments gegen zwei Uhr morgens, als unser Truppentransporter von Explosionen erschüttert wurde. In meiner Einteilung der Todesarten war das Ertrinken immer besonders ekelhaft. Nun lag ich in meiner Koje und malte mir aus, wie die Fluten hereinbrächen und das Schiff mit Tausenden darin gefangenen Soldaten unterginge, eine Hölle mitten im Wasser. Die Explosionen, sollte ich schnell anfügen, stammten von den eigenen Wasserbomben, mit denen verhindert werden sollte, daß feindliche U-Boote in den Kordon unseres Kriegsschiffkonvois eindrangen. An Land fühlte ich mich irgendwie sicherer, sogar als ich in einem Ersatzlager durch Explosionen geweckt wurde, die den Boden unter mir erschütterten. War das der Europäer in amerikanischer Uniform?

Einmal kam ich mit dem Anblick statt der Erfahrung davon. Das war im April 1945, in Bayern. Vor mir lag ein sonnenüberflutetes Feld. Nachts hatten die Deutschen versucht, unsere Stellung anzugreifen. Unsere Maschinengewehre mähten sie nieder. Ihre starren Leichen waren über das ganze Feld verstreut. Neben ihnen in den Boden gerammte Gewehre markierten ihre Lage. Eine der Leichen lag auf dem Rücken, ihre Augenhöhlen blutgefüllt. Was, fragte ich mich, mochte diese Männer in einer so späten Kriegsphase noch angespornt haben, in den fast sicheren Tod zu laufen? War es die verlorene Hoffnung, verschont zu bleiben? Mir war schon klar, daß der Staat und seine politische Ordnung letzten Endes darauf beruhen, daß die Regierung Gewalt gegen ihre eigenen Bürger anwenden kann. Wenn diese Männer, mit brüllenden Offizieren im Rücken, ihren selbstmörderischen Lauf antraten, so bewiesen sie die Tragfähigkeit des Systems – doch weshalb hatten sie den Befehl befolgt? Warum meuterten sie denn nicht?

Obwohl ich massenhaft Eindrücke sammelte, war und blieb ich in der kurzen Zeit bis Kriegsende als Soldat ein Anfänger. Meine Division machte in München halt, wo wir für mehrere Wochen in der einstigen NSDAP-Zentrale einquartiert wurden. Ich erreichte also das Zentrum des Nationalsozialismus direkt nach seinem Niedergang, nahm Bücher der NSDAP-Bibliothek in die Hand, darunter eine Parteiausgabe von Martin Luthers Traktat *Von den Juden und ihren Lügen* – allerdings mißtraute ich diesem Text, bis ich einige Jahre später in der New York Public Library das Original aus dem sechzehnten Jahrhundert las. Im Parteigebäude entdeckte ich auch etwa sechzig Holzkisten. Als ehemaliger Packer öffnete ich einige davon und stellte fest, daß sie Hitlers Privatbibliothek enthielten.

In die Vereinigten Staaten zurückgekehrt, steckte man mich in eine Geheimdienstschule. Jetzt lernte ich alles mögliche, was ich hätte wissen müssen, ehe ich deutsche Gefangene verhörte. Mein Hauptkurs hieß »Gefechtsordnung«, der Aufbau ausländischer Streitkräfte, ein Fach, das ich später als einen

Der Autor, 1945, in Nandlstadt/Bayern,
nördlich von Freising
(Foto: privat)

veritablen Teil der Politikwissenschaft ansah. Zum ersten Mal lernte ich mit großem Eifer. Aufgrund dieser Abordnung wurde ich nun in den Rang eines Korporals befördert. Mein Klassenkamerad Francis Winner, ein Feldwebel, gehörte zu den klügsten Männern in der Armee. Im Unterricht spielten wir den Krieg erneut durch, und in unserem Planspiel besiegte ich ihn nur einmal – bei einer Lagekarte der Ardennenschlacht. Er hatte seine Karte zu vollgepackt, ein verbreiteter Fehler amerikanischer Kartographen.

An einem Wochenende fuhr ich mit Winner zu der Schweinefarm seiner Familie in Iowa. Für die Nachtfahrt brauchten wir Unterhaltung. Er schlug sein Lieblingsthema vor: Landminen, wovon er eine als Paket aus Deutschland heimgeschickt hatte, um sie eingehend studieren zu können. Ich setzte vergleichende Maschinengewehrkunde dagegen. Als unsere Fachsimpelei beendet war, kam er auf sein eigentliches Anliegen zu sprechen. Er wollte in der Armee bleiben, wollte als Kadett an die Militärakademie von West Point gehen, um später General zu werden. Mein erster Gedanke war: Es gibt Feldwebel und Generäle – aber was ist mit den ganzen Rängen dazwischen? Ihm sagte ich jedoch, daß er schon über zwanzig und auf der Brücke von Remagen verwundet worden war. Sein nächstes Problem bestand darin, ob es wieder Krieg geben würde. Er wollte eine große Rolle spielen, verstand aber sogar in seiner Feldwebeluniform, daß ein Militär keine Erfüllung finden konnte ohne echte Prüfung im »Ernstfall«. Ich verlor ihn aus den Augen, erfuhr jedoch vierzig Jahre später, daß er Generalleutnant der Reserve geworden war, zuständig für Rechtsfragen. Hatte er damit sein Ziel erreicht? Und ich, was sollte aus mir werden?

Ans College zurückgekehrt, warf ich die Chemie über Bord, um mich nun ganz auf Geschichte und Politikwissenschaft zu konzentrieren. In letzterer suchte ich meine geistige Heimat. Mich hungerte nach einer Struktur, und rasch fand ich im Kontext der politologischen Kurse gleich zwei: Staat und Recht.

Am College beeindruckte mich ein Historiker jedoch tiefer und bleibender als seine Kollegen im Fachbereich Politologie. Er hieß Hans Rosenberg, war Experte für preußische Bürokratie und nannte seinen Kurs: »Der Aufstieg des Nationalstaates.« Er sprach in vollständigen Sätzen und Absätzen – jede Vorlesung bildete ein Kapitel. In seinen Darlegungen erschien die Bürokratie als ein Organismus. Ihre Zellen gingen Verbindungen ein und verschmolzen miteinander, während das Ganze seine Wurzeln im Staatsgebiet trieb, sich mit seiner angestammten Elite zu einem unentbehrlichen und unausrottbaren System auswuchs. Als ich seinen Vorlesungen folgte, setzte ich »Staat« zunehmend mit öffentlicher Verwaltung gleich, und ich machte mir die Idee der Zuständigkeit bewußt, jenes Urgesteins der Rechtsordnung, das sowohl die Stütze als auch das Hauptinstrument der Bürokraten zu sein schien. Diese Inhaber selbst der kleinsten Machtstellung wirkten in ihrer Gesamtheit als eine unaufhaltsame Kraft. Als Verwaltungsbeamte blieben sie zwar stets beim Bewährten, aber notfalls erschlossen sie Neuland, ohne viel Wind zu machen, ohne Patente, Warenzeichen oder Urheberrechte zu beanspruchen. Die Bürokratie war eine geheime Welt, eine unbeachtete Welt, und sobald ich sie erst mal im Visier hatte, konnte mich nichts mehr davon abbringen, ihre abgedunkelten Fenster und verriegelten Türen aufzustoßen.

Rosenberg war wie ich ein Flüchtling aus Deutschland, hatte jedoch meines Wissens keine Verbindung zur jüdischen Gemeinde. Sein Kurs umfaßte die Zeit 1660 bis 1930. Diesen Schlußpunkt setzten damals viele Historiker, um sich vor der Gegenwart zu drücken. Einmal überschritt er jedoch seine selbstverhängte Grenze und sprach vom deutschen Widerstand während des Zweiten Weltkrieges. Ein anderes Mal bemerkte er nebenbei, Napoleons Greueltaten in Spanien hätten seither nicht ihresgleichen gefunden. Darauf meldete ich mich und fragte: »Und was halten Sie von sechs Millionen getöteten Juden?« Hm, meinte Rosenberg, das sei ein interessantes Problem, aber sehr kompliziert, weshalb er aus Zeitgründen im Rahmen seiner Vorlesung nicht auf die Frage eingehen könne. Der ganze Vorfall dauerte kaum eine Minute, und ich glaubte, sehr ruhig gewesen zu sein. Viele Jahre später sagte mir jedoch eine Frau, die mit in der Vorlesung saß und sich genau an den Wortwechsel erinnerte, ich sei derart erregt gewesen, daß meine Kommilitonen sogar Angst um mich gehabt hätten.

Obwohl mir Rosenberg mit seinem Urteil über Napoleon Adolf Hitlers Deutschland glatt zu verleugnen schien, wollte ich alles benutzen, was er lehrte. So verwarf ich nicht einmal das Wort »kompliziert«, mit dem er mir geantwortet hatte. Im Gegenteil – daß die Vernichtung der Juden ein komplexer Vorgang war, leitete fortan als Grundvorstellung meine Arbeit. Diese Komplexität galt es aufzudecken, nachzuweisen und zu erklären. Das Töten, soviel hatte ich schon begriffen, war keine Greueltat im üblichen Sinne. Es war unendlich viel mehr, und für dieses »Mehr« bürgte eine weitgespannte, fein verästelte Bürokratie.

Vorerst jedoch konnten jene unfertigen Gedanken, die mir durch den Kopf wirbelten, noch keine greifbaren Formen annehmen. Ich mußte möglichst schnell entscheiden, ob ich Jurist oder Politologe werden sollte. Gehen Sie an die juristische Fakultät, sagte ein Professor vom College. Am besten, Sie machen das Doktorat in Rechtswissenschaft *und* Politologie, riet mir ein Professor von der Universität, der selber beide Abschlüsse hatte. Ich konnte mir aber, auch mit Veteranenförderung, nur einen Studiengang leisten, und so kam ich an die *Abteilung für Öffentliches Recht und Staatskunde* – wie Politologie im Hauptstudium der Columbia University hieß. Ich wollte mich auf Internationales Öffentliches Recht konzentrieren – ein Fach, das mich beruhigte und friedlich stimmte. Ich bewältigte seine besondere Rechtslogik und brütete lange Tage über Themen wie Staatsnachfolge und Vorbehaltsklauseln in Mehrparteienabkommen. Kurz erwog ich den Gedanken, meine Dissertation über einen Aspekt des Kriegsverbrechens zu schreiben, doch dann wurde mir eines klar: Was ich wollte, das waren Beweise. Mein Thema sollte die Vernichtung der europäischen Juden sein.

Um konkreter über mein Vorhaben nachdenken zu können, schrieb ich mich in den Seminaren von zwei sehr beschlagenen Männern ein. Der eine, Salo Baron, hatte sich die Aufgabe gestellt, über das ganze Spektrum der jüdischen Geschichte zu schreiben, wenn es sein mußte in zwanzig oder mehr Bänden. Sein Projekt war umfassender als das aller seiner Vorgänger, sollte sämtliche jüdischen Lebensbereiche einschließen: Politik, Wirtschaft, Gesellschaft, Religion. Später hörte ich, daß er wie in Trance pausenlos arbeitete und gegen das zunehmende Alter anschrieb, bis er völlig entkräftet starb – sein Werk noch unvollendet.

Baron kam stets aus seiner nahen Wohnung direkt ins Seminar, legte seinen Mantel ab, setzte sich ans Pult und sprach ohne Vorlage wie ein Pianist, der eine Sonate vorträgt. Doch Baron war ja Interpret und Komponist zugleich. Er ließ seine Akkorde fehlerlos erklingen, und ich machte mir fast wortgetreue Notizen. Die vergilbten Seiten besitze ich noch – diese Kladde ist die einzige, die ich aus dem Studium aufgehoben habe –, und als ich sie nach all den Jahren erneut durchzulesen beschloß, verblüffte es mich, wie stark ich mir sein Denken angeeignet hatte. Das Thema war neuere jüdische Geschichte, die Baron in vor- und nachemanzipatorische Ära unterteilte, dabei jedoch durchweg das unabhängige Leben und eigenständige Schicksal der Juden in allen ihren Heimatländern hervorhob. Er sprach über die im fünfzehnten und sechzehnten Jahrhundert von den spanischen Inquisitionsgerichten ausgestellten Reinheitszeugnisse – *limpieza* –, worin die jüdische Abstammung bekennender Christen manchmal bis aufs Sechzehntel ihrer Ahnenreihe vermerkt wurde. Brachte ein Jude in Saloniki ein Buch heraus, so wies er nach, dann lasen es seine Glaubensbrüder noch in Amsterdam oder Krakau, während die Krakauer Juden kein polnisches Werk zur Kenntnis nahmen, das direkt vor Ort erschien. Ihre Einigelung habe sie jedoch geschützt. Die später in mehreren Ländern Europas ausgerufene Emanzipation habe nicht nur Auftrieb gegeben, sondern auch bedrohlich gewirkt. Kein Ausdruck des guten Willens gegenüber den Juden, sei sie vielmehr ein Gebot des Nationalstaates gewesen. So habe die jüdische Gesellschaft ziemlich nervös reagiert und darauf gedrängt, Juden verstärkt in besonders »produktiven« Sparten wie Landwirtschaft und Manufaktur unterzubringen.

Aus Barons Kurs nahm ich den Eindruck mit, daß sich die Juden seit langem als eine geschlossene Gesellschaft abgesondert hatten, sich nun jedoch auf neue staatliche Erwartungen einstellen und mit dem Heraustreten aus dem Ghetto wiederum verletzbar werden mußten. Ich dachte bereits an die Schutzlosigkeit der Juden im Nazi-Regime. Als ich Baron um Quellenangaben bat, um das Thema zu sondieren, fragte er, ob ich bei ihm promovieren wolle. Ich verneinte, da ich einen Professor der Abteilung Öffentliches Recht und Staatskunde bitten wollte, mein Doktorvater zu werden. Er hieß Franz Neumann.

Inzwischen hatte ich nämlich beschlossen, über die deutschen Täter zu schreiben. Die Judenvernichtung war ein deutsches Werk, ausgedacht in deutschen Amtsstuben, in einer deutschen Kultur. Für mich stand von Anfang an fest, daß man diese Geschichte nicht in allen ihren Ausmaßen begreifen konnte, ohne die Maßnahmen der Täter nachzuvollziehen: Der Täter hatte den Überblick. Er allein spielte die Schlüsselrolle. Durch seine Augen mußte ich die Vorgänge betrachten, von der Planung bis zum Höhepunkt. Daß ich vor allem der Täterperspektive folgen mußte, wurde für mich zu einer ehernen Faustregel.

Franz Neumann sollte mich meinem Ziel näherbringen. 1948 hielt er als neuer Gastprofessor ein Seminar über deutsches Staatsrecht, in dem sich gut einhundert höhere Semester drängten. Er war 48 Jahre alt. Da er schlecht hörte, bellte er bei Fragen immer: »Wie? Was?« Er trug in einem abgehackten Stil vor, und seine Sätze fielen wie Hammerschläge, während seine Schlüsse wie Verlautbarungen klangen: »Deutschland wurde zweimal Demokratie – beide Male durch Entscheid von Militärbehörden.« Neumann begann im Mittelalter und hielt sein Seminar in Atem, bis er beim Nazi-Regime ankam. Dieses Thema war seine Spezialität, und dem hatte er ein kühnes Buch mit dem Titel *Behemoth* gewidmet.

Neumanns Buch, einen unserer grundlegenden Texte, las ich mehrmals von vorne bis hinten. Sein Stil war wie der seiner Vorlesungen: trocken, apodiktisch, völlig schmucklos. Der Eröffnungssatz seines Schlußresümees lautet: »Wir sind mit unserer Untersuchung am Ende angelangt.« Aber was für eine Untersuchung und welch ein Resümee! Mit einer entschlossen aufräumenden Geste entschied er, daß Nazideutschland weder eine politische Theorie noch einen Marx hatte, seinem Wesen nach nicht missionierte, anders als kommunistische oder demokratische Systeme niemanden zu bekehren suchte. In einem einzigen verblüffenden Aufriß legte er dar, wie sich die gesamte deutsche Gesellschaft unter dem Nationalsozialismus in vier festgefügte, zentralistisch organisierte Blöcke mit Führerprinzip und je eigener Gesetzgebung, Verwaltung und Gerichtsbarkeit untergliederte. Die vier Hierarchien – Staatsapparat, Armee, Industrie und Partei – konnten unabhängig voneinander arbeiten, ohne daß Gesetze ihre Kreise störten. Allerdings koordinierten sie ihre Maßnahmen mit Vereinbarungen, die Neumann im Seminar ätzend »Sozialverträge« nannte. Hier fand ich also ein Nazideutschland, das im Prinzip anarchisch war, ein organisiertes Chaos, jedoch mit der Freiheit, in völlig unerforschte Handlungsräume vorzustoßen.

Als Neumann seinen *Behemoth* schrieb, war der Krieg in vollem Gange. Er konnte noch keine erbeuteten Akten benutzen. An Quellen hatte er nur Bibliotheksmaterial wie Amtsblätter und Industriegazetten. Ich selbst dagegen beabsichtigte, jene interne Korrespondenz der Täter auszuwerten, die – während des Krieges vor den Alliierten Mächten und der breiten Öffentlichkeit geheimgehalten – in Nürnberg nach Beweismitteln für die Kriegsverbrecherprozesse durchforstet wurden. Aufgrund gedruckter Auszüge aus dieser Sammlung bildete ich meine erste These: Die Judenvernichtung war nicht zentral gelenkt. Alle vier Neumannschen Hierarchien waren an dem Projekt beteiligt. Diese geballte Bürokratie nannte ich die »Maschinerie der Vernichtung«. Beim Weiterlesen fand ich meine zweite Hypothese in einem Affidavit von Rudolf Kastner, einem führenden Juden in Budapest. Er hatte das Schicksal der jüdischen Gemeinden Europas beobachtet, bevor auch die ungarischen Juden in der Katastrophe untergingen. In seiner Darstellung der Ereignisse hob er hervor: »Das Vorgehen folgte in allen Ländern dem gleichen Schema: Erst wurden die Juden gekennzeichnet, danach ausgesondert, ihrer Habe beraubt, deportiert und vergast.« Somit schien es, als seien die Juden schrittweise und überall nach demselben Prinzip vernichtet worden. Bemerkenswert war dieses Handlungsmuster allerdings, wenn man bedachte, daß es weder eine einheitliche Maschinerie noch ein von Anfang an verbindliches Konzept gab. Die Deutschen wußten 1933 nicht, was sie 1935 oder 1938 machen würden. Bis 1941 war ja nicht einmal der in deutscher Korrespondenz als »Endlösung« bezeichnete höhere Vernichtungszweck formuliert. Doch die Richtung stand fest, geprägt durch immer schärfere und krassere antijüdische Maßnahmen. Auf diesem Weg zeichnete sich die Logik der Entwicklung ab, allein weil die früheren, harmloseren Maßnahmen immer die administrativen Vorbedingungen für spätere, brutalere waren. Kurz, die Vernichtung der Juden hatte eine innere oder latente Struktur. Dieses Phänomen nannte ich »Vernichtungsprozeß«.

Kastner hatte mich zwar auf den Ablauf hingewiesen, aber ich mußte die einzelnen Schritte genauer eingrenzen. Dafür brauchte ich einen möglichst strengen und weit gefaßten Rahmen, in den alle auffindlichen Dokumente hineinpassen sollten. Tausende von Notizen mußten sich mit seiner Hilfe genau in der Reihenfolge meiner Darstellung ordnen lassen. An diesem Punkt wußte ich nicht weiter, und nur ein Mensch konnte mir helfen: Eric Marder, ein Systematiker und scharfer Denker, hörte mir eines Abends am Port Authority Terminal von New York zu, von wo er mit dem Bus heimfahren wollte. Mit einem Zettel löste er das Wirrwarr gleich an Ort und Stelle auf. Drei Schritte bildeten den Kern: Abgrenzung, Konzentration und Vernichtung der Juden. Um überhaupt auf ihr Ziel zusteuern zu können, mußten die Deutschen erst einmal definieren, wer als »Jude« galt, und das Übergehen zur »Endlösung« erforderte, die Juden räumlich von ihren Nachbarn zu trennen. Eine eigene Logik besaßen die ökonomischen Maßnahmen gegen die jüdischen Gemeinden, die ich ohne Erics Hilfe kaum in dem Schema hätte unterbringen können. Auch sie folgten streng ihrer eigenen Logik: definitionsgemäße Entlassung jüdischer Arbeitnehmer und Enteignung oder Schließung jüdischer Unternehmen; Verhängung von Strafsteuern und Niedriglöhnen bis hin zur Zwangsarbeit nach Kennzeichnung und Ghettoisierung; zuletzt Beschlagnahmung der »Judennachlässe« nach der Tötung.

Einer meiner Professoren für Völkerrecht, Anfang des Jahrhunderts in Moskau geboren, fragte mich, warum man die Juden nicht einfach mit Steinen hätte erschlagen können. Die Antwort liegt naturgemäß im begrenzten Erfolg von Pogromen. Wie ich später entdeckte, hatte Adolf Hitler diese grundlegende Beschränkung schon 1919 begriffen, als er sporadische, relativ wirkungslose Ausschreitungen auf offener Straße verwarf und für wohlgeplante Maßnahmen eintrat, die zum gewünschten Ergebnis führen würden.

Unterdessen war ich mir sicher, gefestigt in meinem Entschluß und davon überzeugt, die Lücken meines Puzzles füllen zu können. Zwar würde das Projekt all mein begrenztes Wissen und meine begrenzten Talente fordern, aber gerade deshalb war es das richtige für mich. »Der Mensch«, schrieb Goethe, »mag sich wenden, wohin er will, er mag unternehmen, was es auch sei, stets wird er auf jenen Weg zurückkehren, den ihm die Natur einmal vorgezeichnet hat.« Doch vorerst war ich noch nicht fähig, mit einem fertigen Entwurf vor Franz Neumann zu treten und ihm meine Natur zu enthüllen.

Ich war damals ja nur ein soeben Graduierter. Neumann, der viele Schützlinge hatte und jedem ganze fünfzehn Minuten Sprechzeit gewährte, kannte mich überhaupt nicht. Ich schlug ihm ein Referat vor mit dem Titel »Die Rolle des deutschen Beamtentums bei der Judenvernichtung«. Er nickte und fragte, ob mir der Name Franz Schlegelberger etwas sage. Doch damals wußte ich noch nichts über diesen hohen Beamten im deutschen Justizministerium. Er schickte mich in den düsteren vierzehnten Stock der Butler-Bibliothek, wo die vervielfältigten Exemplare der Nürnberger Prozeßakten lagerten. Anschließend mußte ich einräumen, das Thema sei zu umfangreich für ein Referat. Ob er einverstanden wäre, es als Magisterarbeit zu betreuen. Er nickte erneut. Als er meinen zweihundertseitigen Prozeßabriß gelesen hatte, widersprach er nur einer einzigen Passage im Schlußteil. Darin behauptete ich, die deutsche Verwaltung habe sich darauf verlassen, daß die Juden ihre Anweisungen befolgen würden, womit die Juden selber zu ihrer Vernichtung beigetragen hätten. Neumann sagte nicht, mein Befund widerspreche irgendwelchen Fakten oder sei ungenügend belegt. Er sagte nur: »Das ist zuviel – streichen Sie es.« Ich nahm den Absatz heraus, im stillen entschlossen, ihn für meine größere Arbeit wieder hervorzuholen. Dann sagte ich, der Staatsapparat sei nur ein Teil des Ganzen. Also fehlten noch das Militär, die Industrie und die Partei. Neumann nickte ein drittes Mal. Würde er, klopfte ich an, eine Doktorarbeit mit dem Titel »Die Vernichtung der europäischen Juden« betreuen? Ich könne ihm eine dicht gewobene Kurzfassung von zwanzig Seiten vorlegen. Neumann stimmte zu, obwohl er wußte, daß ich mich damit aus dem wissenschaftlichen Hauptstrom herauslöste, um ein Gebiet zu betreten, das die akademische Welt ebenso mied wie die Öffentlichkeit. Sein lakonischer Kommentar lautete: »Das ist Ihr Untergang.«

Das Wagnis

Dokumente

Nach meiner Entscheidung für die Dissertation war ich viele Jahre lang allein. Damit meine ich nicht, daß alle Kontakte mit Kollegen oder Freunden abgeschnitten waren. An verschiedenen Arbeitsplätzen lernte ich andere Menschen kennen. Immer blieb mir Eric Marder verbunden. Zumindest nach außen hin führte ich also ein halbwegs normales Leben.

Doch ich lebte in einer geschlossenen Welt, in der ich mit meinen Dokumenten und der daraus aufsteigenden Geschichte allein war. Hin und wieder besprach ich Entdeckungen mit einem jungen Fachkollegen für Nazi-Fragen, Frederic S. Burin II, oder mit Eric, aber im großen und ganzen hatte ich mich auf ein einsames Projekt eingelassen. In einer Atmosphäre, die das Augenmerk der amerikanischen Juden auf Israel und die Araber richtete, während die breite Masse der Amerikaner hauptsächlich den Kalten Krieg mit der Sowjetunion verfolgte, wurde mein Thema rigoros in die Vergangenheit verbannt. Damals riet man allen, die von Erinnerungen geplagt wurden – wie die Überlebenden –, möglichst schnell zu vergessen, was geschehen war. So wurden die Nürnberger Prozesse weniger geführt, um die deutsche Geschichte aufzuarbeiten, als um etwas Unerledigtes abzuschließen, damit man Deutschland angesichts der kommunistischen Bedrohung als »ehrbares« Mitglied des Nordatlantischen Bündnisses wiederaufbauen konnte. Unter solchen Umständen hütete ich mich, meine Zielsetzung in Gesprächen mit Fremden zu erwähnen.

Ich hielt mich sogar für den einzigen Menschen, der versuchte, den Vorgang der Judenvernichtung zu untersuchen und darzustellen. Fred Burin, der gut Französisch sprach und sich bei französischen Neuerscheinungen stets auf dem laufenden hielt, wies mich auf ein Buch von Leon Poliakov hin: *Bréviaire de la haine*, eine gedrängte Zusammenfassung, allerdings auf die Schlußphase des Prozesses konzentriert. Ich sah schnell die Fußnoten durch – überwiegend Hinweise auf die Nürnberger Prozeßakten. Während ich vollauf damit beschäftigt war, fast alle 40000 Dokumente der Anklage und einige der Verteidigung zu sichten, hatte er nur verhältnismäßig wenige benutzt. Seine im Titel anklingende These, wonach der ganze Vorgang in Haß wurzelte, erschien mir als eine überholte Annahme. Die Bürokraten, das wußte ich bereits, waren keine »Hasser«.

Ein paar Jahre nach dem Erscheinen von Poliakovs Buch erwähnte ein anderer Kollege, daß er eine britische Monographie zu meinem Thema gesehen habe. Der Name des Autors war ihm entfallen, und als Titel hatte er etwas wie »Das Ende der Frage« in Erinnerung. Schon bevor ich das Buch fand – dessen Autor Gerald Reitlinger war und das *The Final Solution* (*Die Endlösung*) hieß –, rief ich bei Eric Marder an. Hier drohte die Gefahr einer persönlichen Krise. Falls die Studie auf denselben Quellen beruhte und mein Projekt schon durchgeführt war, würde ich mein Vorhaben aufgeben müssen. Doch während der Lektüre des Buches wurde mir leichter. Reitlinger hatte sich zwar tiefer in die Dokumente versenkt als Poliakov, spielte die Vorgänge aber herunter – war dies ein britischer Wesenszug? Er betonte, daß die Vernichtung der Juden ein unvollendeter »Versuch« geblieben sei. Immerhin hätten ja ganze jüdische Gemeinden, speziell im Westen, aber auch in den Balkanstaaten, die Katastrophe überlebt. Einige der Täter erschienen sogar als bloße Stümper. Den jungen Mann in der Schlüsselstellung, die Deportationen der Juden aus Frankreich leiten zu können, stellte er als einen »Menschen ohne Schatten« dar, der »kindisches Geschwätz« verbreitete und sich als ein bedeutungsloser, lächerlicher Jurist »in kleinlichen Tricks auslebte«. Da ich derartigen Urteilen nicht beipflichten konnte, sah ich keinen zwingenden Grund, meine Arbeit einzustellen. Ich wollte viel weiter ausholen, nämlich die Taten und jene, die sie begangen hatten, umfassend darstellen.

Gegen Frühjahr 1951 hatte ich jedoch meine Ersparnisse aufgezehrt. Neumann bot mir den Job an, eine deutsche Delegation in Washington zu betreuen, den ich ablehnte. Es seien Sozialdemokraten, erklärte er, doch ich blieb beim Nein. Wenig später bot er mir eine Stelle als Mitglied des neu gegründeten »War Documentation Project« an, die mich mit meinen Quellen zusammenbringen sollte.

Das Projekt war in einem Gebäude im Hafenviertel von Alexandria in Virginia untergebracht, einer einstigen Torpedorohrfabrik, die nun als eine Außenstelle des Bundesarchivs diente. Was ich darin fand, war überwältigend. Die amerikanische Regierung hatte eroberte deutsche Akten der Nazizeit gesammelt, über den Atlantik befördert und hier in diesem Gebäude eingelagert, wo sie insgesamt rund zehn Kilometer Regale füllten. Jedes Blatt steckte noch im originalen deutschen Aktendeckel und dieser wiederum, zusammen mit anderen, in einem genormten Kasten, der hochkant neben anderen Kästen stand. Ich erkannte beim ersten Blick auf diese Unmenge von Dokumenten, daß eine Lebenszeit nicht ausreichen würde, um sie alle zu lesen.

Die Sammlung enthielt wenig aus der Wirtschaft und aus den klassischen Ministerien; einige dieser Akten waren bereits an die neu gegründete Bundesrepublik Deutschland ausgehändigt worden. Es gab aber viel militärisches Material, darunter Dokumente zu Themen wie Beschaffung, Zwangsarbeit und Militärverwaltung in den besetzten Gebieten. Unser Team hatte im Schnitt acht Mitarbeiter. Wir sollten die Akten sichten, Karteikarten anlegen, und über ihren Inhalt unseren Klienten der Regierung berichten, darunter die Air Force, die vor allem erfahren wollte, was die Deutschen im Zweiten Weltkrieg über die Sowjetunion zusammengetragen hatten. Wie ich den Auftrag verstand, betrieben wir Zielforschung, nicht allein oder auch bloß hauptsächlich auf geographische Ziele bezogen, sondern im Hinblick auf alle Stärken und Schwächen der UdSSR, auch die Moral der Roten Armee und der Zivilbevölkerung betreffend. Allerdings wurden uns keine Forschungsziele ausdrücklich vorgegeben. Unser Auftrag blieb dunkel.

Der Projektleiter Fritz T. Epstein, ernannt wegen seiner Erfahrung als Bibliothekar sowie der Deutsch- und Russischkenntnisse, erwies sich in seinen analytischen Fertigkeiten als nicht besonders geeignet. Schon vor dem Krieg geflohen, liebte er alle Deutschen und achtete wegen seines Namens sehr darauf zu erklären, daß er gläubiger Lutheraner sei. »Er sieht aus wie ein jüdischer Viehhändler aus Hessen«, sagte ein älterer Mitarbeiter zu mir – und zischelte beim Sprechen. Epsteins Sohn Klaus wurde hingegen ein sehr bekannter Historiker, der sich später besonderen Ruhm dadurch erwarb, daß er William Shirers *The Rise and Fall of Nazi Germany* heruntermachte. Die Bundesrepublik Deutschland schickte seine Rezension an zahlreiche Historiker und Politikwissenschaftler in den Vereinigten Staaten, natürlich ohne zu erwähnen, daß die Epsteins ausnahmsweise keine praktizierenden Juden waren.

Unser Epstein wollte Kontakte zu Mitarbeitern anderer Projekte im Hause knüpfen. Dabei stieß er auf Gustav Hilger, der während der Nazizeit als Beamter des Auswärtigen Amtes die Tötungsberichte der Sicherheitspolizei für Außenminister von Ribbentrop verarbeitet hatte. Über sein Büro waren auch Pläne gelaufen, die Juden aus Norditalien zu deportieren. Hilger wollte vor uns sprechen, verkündete Epstein begeistert. In diesem Fall würde ich den Saal verlassen, sagte ich ihm. Epstein gab klein bei und sprach fortan nicht mehr von seinem deutschen Diplomaten.

Hilger war nicht der einzige deutsche Haudegen in unserem Umfeld. In einem Nebenraum unterrichtete auch ein deutscher Oberst einige amerikanische Offiziere. Ein jüngerer Kollege, der sich besonders für Geheimdienstarbeit und die nationale Sicherheit interessierte, widerstand nicht der Versuchung, in der deutschen Personalakte des Obersten nachzuforschen, die in unserem Gebäude lagerte. Er zeigte mir die Akte und bat mich, ihm das Aufgabenfeld des Mannes an der Ostfront zu erklären. Ich sah sofort, daß unser deutscher Nachbar Transportoffizier der Elften Armee in einer Phase des Jahres 1941 war, als diese Einheit der Sicherheitspolizei genügend Lastwagen auslieh, um etwa 10000 Juden der Krimstadt Simferopol an eine Erschießungsstätte zu bringen. Dort wurden sie umgehend getötet, damit die deutsche Armee das Weihnachtsfest begehen konnte, ohne durch ihren Anblick gestört zu werden. Der Oberst und ich hatten allerdings etwas gemeinsam: Wir standen oft morgens kurz vor acht, als das Archiv geöffnet wurde, vor dem verschlossenen Tor. Einmal grüßte er mich dabei mit »Guten Morgen«, und ich starrte ihn wortlos an.

Daß ich so früh am Tor stand, hatte einen guten Grund: Ich begann gerade zu verstehen, was ein Dokument eigentlich ist. Hier konnte ich sehen, daß es vor allem ein unmittelbar als Relikt erkennbares Artefakt ist. Als das Originalpapier wurde es irgendwann von einem Bürokraten bearbeitet und unterschrieben oder abgezeichnet. Zudem begründeten die Worte auf dem Papier eine *Maßnahme*: Jemand waltete seines Amtes. War das Papier ein Befehl, so erschöpfte sich darin das *gesamte* Handeln seines Urhebers.

Dokumente speichern auch Informationen, enthalten als Texte vieles von dem, was wir Geschichte nennen. Ein Großteil der Dokumente in unserem Bundesarchiv waren nie gesichtet worden. Da die Regierung nicht wissen konnte, was sich in den Akten befand, wurden sie samt und sonders als vertraulich oder geheim eingestuft. Mich versetzte dieser unerschlossene Aktenhügel in Spannung. Was würde ich darin finden? Beinahe alles, was ich für die Regierung tat, kam auch mir selber zugute. Ob ich für den Staat oder für mich forschte: Zuerst einmal galt es, die deutschen Rechtszuständigkeiten aufzudröseln – und technische Probleme wie etwa das zu lösen, ob die militärische *Ortskommandantur* in irgendeiner Kleinstadt eine Einheit oder eine örtliche Behörde war. Im übrigen war das Schicksal der Juden, wie ich schnell erkannte, eng mit den Ereignissen verbunden, die über den ganzen Osten hereinbrachen. Ich mußte möglichst viel über die deutsche Besatzung und ihr Tun wissen, um begreifen zu können, in welchem Rahmen und unter welchen Bedingungen sich der Vernichtungsprozeß vollzog. Schließlich jedoch interessierte mich besonders mein Projekt – alles, was mit den Juden und den gezielt gegen sie ergriffenen Maßnahmen zusammenhing. Ich achtete auf die entsprechenden Hinweise und wußte: Je mehr ich suchte, desto mehr würde ich finden. Wenn ich dann mit gewissen Entdeckungen belohnt wurde, geriet ich in einen Zustand, den gerade Quellenforscher am besten kennen – eine Erregung, die mich nach wie vor befällt, wenn ich Mikrofilme durch ein Lesegerät ziehe. Ich weiß noch genau, wie ich mit Expertenteams des United States Holocaust Memorial Council in die Sowjetunion und die DDR reiste, kurz bevor beide zerfielen. Als wir in den engen Archiven dieser Länder saßen, bemerkte Robert Wolfe, ein Veteran unter den Archivaren, der ehemals in den National Archives das Referat Neueres Militär leitete, all diese Akten zu sichten, die so lange hinter dem Eisernen Vorhang verschlossen waren, sei wie eine Neuschöpfung.

Mich erstaunte, wie abgeschottet die Archivare im kommunistischen Osteuropa waren, die sich mit der anderen Hälfte der Geschichte befaßten. Die UdSSR hatte zwar modernste Raketen und Wasserstoffbomben, beließ die deutschen Akten aber dort, wo sie beschlagnahmt wurden, nämlich in Dutzenden von regionalen oder lokalen Archiven. Oft waren die Findbücher und Katalogkarten für die Handvoll Forscher, denen man Einlaß gewährte, handgeschrieben, und in einem der Archive wußte eine Natascha trotz sechzehn Jahren Berufserfahrung immer noch nicht, was ihre Sammlung alles enthielt. Anders die Archive in Potsdam und Leipzig: Kommunistisch, aber gut organisiert, wußte die deutsche Belegschaft lückenlos alles. Einer der Angestellten in Potsdam nannte eine Liste von Sonderzügen »das berühmte Register«. Gewiß meinte er damit, daß es berühmt war bei den sechs anderen Angestellten.

Ich wurde oft gefragt, ob mir in all den Jahren des Forschens

Der Autor im Archiv des ehemaligen
KL Lublin (Majdanek)
(Foto: privat)

beim Inhalt der Dokumente nicht irgendwann einmal übel geworden ist. Im großen und ganzen war ich gegen derartige Anwandlungen gefeit, jedoch mit einer Ausnahme. In der Frühphase meiner Arbeit stieß ich auf einen Kriegsbericht über die gerichtliche Klage eines Juden, dem man die Ration Bohnenkaffee verweigert hatte, weil er die entsprechenden Lebensmittelmarken irrtümlich erhalten habe. Bei *dieser* Geschichte wurde mir fast schlecht.

Bei der Sammlung meiner Quellen ging ich immer aufs Ganze, mit der Devise: »Vollständigkeit plus Masse.« Je mehr Behördenmaterial ich sichten konnte, desto besser, dazu mit möglichst viel Akteninhalt. Da die Vernichtung der Juden überaus dezentral ablief, mußten alle Behörden etwas dazu beisteuern, indem sie im entscheidenden Moment eingriffen. Die Bandbreite der Ämter, die letzten Endes an den Vorgängen beteiligt waren, ist identisch mit der ganzen Verwaltung oder gar mit der gesamten organisierten Gesellschaft Deutschlands. Deshalb konnte ich auf keine Behördensammlung verzichten, schien mir nichts zu abgelegen. In einem Archiv in Lwow studierte ich den Schriftverkehr eines örtlichen deutschen Beamten, der für Gärten und Grünanlagen zuständig war, um zu sehen, daß seine Pflanzen in Lagern zur Tarnung benutzt wurden. Ich erfuhr, daß kirchliche Angaben über Geburten und Ehen, die bis zur Mitte des neunzehnten Jahrhunderts zurückreichten, wesentliche Beweismittel für arische, also nicht jüdische Abstammung bildeten. Ich fand heraus, daß eine Berliner Flaggennäherei auch Judensterne herstellte. Doch weder erkannte ich immer gleich die Bedeutung der einzelnen Dokumente, noch deutete ich ihre Schlüsselpassagen immer richtig. Solche Fehler waren mir peinlich.

Zu Beginn meiner Forschung sortierte ich einmal einen Bericht aus, weil er mir überflüssig schien. Danach hatte Heinrich Himmler, als Reichsführer-SS und Chef der deutschen Polizei, in der Tagespresse bekanntgemacht, daß alle Führerscheine von Juden ungültig seien. Als die Anordnung erschien, war ich noch in Wien, und ich erinnere mich lebhaft daran, wie sich einige Freunde meiner Eltern über die Maßnahme lustig machten, weil niemand von ihnen ein Auto hatte. In den siebziger Jahren ging ein junger deutscher Forscher, Uwe Adam, dem Thema nach, und erkannte dabei einen aufschlußreichen Grundzug des Nazi-Regimes. Offenbar hatte ein Jude mit Führerschein geltend gemacht, die bloße Bekanntmachung in der Tagespresse entfalte, im Gegensatz zur Verkündung in einem Gesetzblatt, keine Rechtswirkung. Nun konnte man sich fragen, welche Rolle ein Gesetzblatt in einem so absolutistischen Land wie Nazideutschland spielte. Die Antwort lag zweifellos darin, daß ein Erlaß für einen bestimmten Teil der Bevölkerung nur von der zuständigen Behörde ausgehen durfte. Auch wenn Himmler sich in Judenangelegenheiten schon vor dem Krieg für alleinzuständig hielt, hatte ihn niemand auf diesen Machtposten gesetzt, und für Führerscheine war allein das Verkehrsministerium zuständig. Insofern sollte ein Gesetzblatt sicherstellen, daß nur die jeweils zuständige Behörde tätig wurde. Fiel eine Maßnahme in die Zuständigkeit mehrerer Behörden, dann mußten diese sich zuvor einigen. So veröffentlichte das Reichsgesetzblatt, als wichtigste Quelle, manchmal Erlasse, die von mehreren Ministern unterzeichnet waren, wobei die oberste Unterschrift von dem federführenden Mann stammte, während die weiteren bekundeten, wer noch an der Planung und Durchsetzung der Maßnahme beteiligt war. Da Himmler sich aber über diesen Schritt hinweggesetzt hatte, standen die Gerichte vor einem heiklen Problem, und schließlich entschied das Reichsgericht: Wenn der Reichsführer-SS eine Bekanntmachung in die Presse setzte, ohne daß die Obersten Reichsbehörden – wie die Ministerien hießen – dagegen protestierten, so hatte die Maßnahme Gesetzeskraft. Hierbei entging mir eine wichtige Entwicklung des Dritten Reiches: Ich erkannte nicht klar, wie eine Antriebskraft für neue Initiativen entstand. Nicht nur Himmler, auch die anderen Machthaber begannen, sich auf das stillschweigende Einverständnis ihrer Kollegen zu verlassen, um immer krassere und beispiellose Maßnahmen zu ergreifen.

Ein Dokument falsch zu bewerten war schon schlimm genug, schlimmer noch aber, den Inhalt einer Mitteilung mißzuverstehen, zumal einer solchen, die ich für entscheidend hielt. Ich meine den von Göring, dem zweiten Mann der Nazis, unterzeichneten Befehl an den Chef der Sicherheitspolizei, Reinhard Heydrich, vom 31. Juli 1941. Mit nur drei Sätzen wird Heydrich beauftragt, die Endlösung der Judenfrage für Europa in die Wege zu leiten. Ich faßte den Befehl so auf, daß Hitler am genannten Tag persönlich entschieden hatte, die Juden zu vernichten, und Göring in seinem Namen handelte. In der Bürokratie gab es Anzeichen von Unruhe, nachdem alle Pläne einer forcierten Massenauswanderung gescheitert waren. In Polen waren bereits viele Juden in Ghettos konzentriert, und in den eroberten sowjetischen Gebieten hatten SS-Brigaden sowie Einsatzgruppen der Sicherheitspolizei vereinzelte Tötungsaktionen durchgeführt. Jetzt war der Zeitpunkt gekommen, um diese Maßnahmen auszuweiten, und Görings Befehl schien zu belegen, daß man den Gedanken nun in die Tat umsetzte. Meine Folgerung war nicht ganz falsch – die Zeit war tatsächlich gekommen, und Hitler hatte nicht nur monatelang seine Absichten bekundet, sondern diese dann auch unterstrichen. Aber *dieses* Stück Papier ging auf keinen Führerbefehl zurück. Mein Irrtum war bereits seit mehreren Jahren gedruckt, als Uwe Adam sein noch heute kaum bekanntes Buch veröffentlichte, in dem er die These über den Brief Görings auseinandernahm. Wenn ein schriftlicher Befehl erteilt worden wäre, argumentierte er, so hätte Hitler ihn Himmler direkt ausgehändigt, aber nicht durch seinen Untergebenen Göring an dessen Untergebenen Heydrich. Dieses Argument überzeugte mich, sobald ich es las. Daraus ergab sich jedoch eine neue Frage: Wie hatte man sich Görings Schreiben zu erklären?

Ich fand die Lösung, als mir ein politisch konservativer Verleger eines Tages in New York ein Manuskript in die Hand drückte mit der Bitte, seine Echtheit zu prüfen. Der Autor legte das unverkennbare Wissen des Insiders an den Tag. Ich las mit Sicherheit eine leicht überarbeitete Fassung von Adolf Eichmanns Erinnerungen, die er in Argentinien diktiert hatte. Darin enthüllte Adolf Eichmann, daß er selber jene drei Sätze für Heydrich entworfen hatte und der Text sodann Göring zur Unterschrift vorgelegt wurde. Heydrich wollte eine unbegrenzte Vollmacht und bekam sie aufgrund seiner erstklassigen Beziehungen zu Göring. Zwar wußte Heydrich nicht, wie Hitler entscheiden würde – wollte aber der ermächtigte Beamte sein, sobald eine Entscheidung gefallen war. Außerdem schrieb Eichmann, eines Tages habe Heydrich ihn zu sich gerufen und ihm von der schwerwiegenden Neuigkeit berichtet, daß Hitler entschieden habe, die europäischen Juden physisch zu vernichten. Sein Auftrag sei Himmler mündlich erteilt worden, der ihn mündlich an Heydrich weitergegeben habe.

Ich las die drei Sätze erneut. Ihr Beamtendeutsch entsprach nicht Görings Stil. Uwe Adam hatte ein weiteres bedeutsames Merkmal des Geschehens offengelegt. Während ich nur die wesentlichen Schritte der Vernichtung untersuchte, galt es auch zu berücksichtigen, daß die Entscheidungen selbst schrittweise fielen. Außerdem hatte ich übersehen, wie sich das Entscheidungsverfahren weiterentwickelte – wie Gesetze allmählich Verordnungen, diese dann Bekanntmachungen, schriftlichen und mündlichen Befehlen und schließlich befehlslosem Handeln wichen. Damit schlug die Stunde des Beamten mit einem Gespür für den tieferen Sinn der ganzen Operation.

Uwe Adam war ein junger Mann, der früh starb. Als ein Forscher mit tiefen Einsichten stellte er Fragen, die andere übersahen. Bei der Sitzung eines amerikanisch-deutschen Komitees, das den Einfluß der jüdischen Katastrophe im intellektuellen und akademischen Bereich erörterte, bat ich die deutsche Seite, Forschungsstellen für drei junge Historiker zu schaffen, die mir als Pioniere auf dem Gebiet bekannt waren: Hans-Heinrich Wilhelm, der sich mit allen Aspekten der Einsatzgruppen in der besetzten Sowjetunion befaßte; Götz Aly, der als erster darauf hinwies, welche Rolle Experten wie Statistiker und Ökonomen in dem Gesamtablauf spielten, und Uwe Adam. Wie nicht anders zu erwarten, fand meine Bitte kein Gehör, und wenig später war Uwe Adam nicht mehr.

Eine Kunst

Mein Posten im Archiv war nur von kurzer Dauer. Anfang 1952 mahnte mich Fritz Epstein in väterlichem Ton, daß ich nun endlich meine Dissertation schreiben müsse. Hinter seiner Sorge verbargen sich mehrere persönliche Anliegen. Er wollte das bestehende Team gegen Leute austauschen, die ihm total hörig wären. Gewiß zählte ich nicht zu seinen engsten Vertrauten, zumal ich seine Fähigkeit bezweifelt hatte, unsere Dokumentensammlungen optimal auszuwerten, und dies sogar Neumann sowie einem weiteren Professor der Columbia University mitgeteilt hatte. Da Epstein also gewiß wußte, was ich von ihm hielt, war seine Unterredung mit mir ein nachvollziehbarer Akt des Selbstschutzes.

Der Ausstieg fiel mir nicht gerade leicht. Ich mußte mich um Geld kümmern und wollte nicht wieder ohne Arbeit dastehen. Als ich mich in Washington nach Möglichkeiten erkundigte, stieß ich schnell auf ein Hindernis. Zwar durfte ich Uniform tragen, konnte mich auch bei der neugegründeten Central Intelligence Agency auf Chancengleichheit berufen, aber die anderen Behörden in meiner Reichweite lehnten mich ab, weil ich im Ausland geboren war. Ebenso wie Gustav Hilger und der deutsche Oberst war ich zwar für Sonderaufgaben verwendbar, aber nicht grundsätzlich vertrauenswürdig. Jahre später erklärte ich in meinem Seminar für Amerikanische Außenpolitik, daß Henry Kissinger nach dem Gesetz nur als ganz hoher Beamter, nämlich als Minister, nicht aber weit unter diesem Rang ins Außenministerium gelangen konnte.

Gleichzeitig beschäftigte mich ein tiefergehendes Problem. In den ersten Monaten meines Aufenthaltes in Washington hatte ich die Abende und Wochenenden stets in der Library of Congress gesessen. Ich erinnere mich noch, wie ich das Gebäude spät abends verließ und dann durch verwaiste Prachtalleen nach Hause ging. Nach einiger Zeit beanspruchte das War Documentation Project jedoch alle meine Gedanken. Statt lediglich Karteikarten auszufüllen, dachte ich auch über seine Richtung und seine Ergebnisse nach. Mit den gedanklichen Resten brachte ich in der restlichen Zeit kein einziges Kapitel zustande.

Widerwillig kehrte ich nach New York zurück und quartierte mich in der kleinen Wohnung meiner Eltern ein. Ich versprach, mein Drittel der Haushaltskosten zu bezahlen, sobald ich das nötige Geld hätte. Jeden Morgen stellte ich im Wohnzimmer einen Bridge-Tisch auf, an dem ich die folgenden drei Jahre saß. Ab und zu fragte mich meine Mutter mit drängendem Ton, wann ich endlich fertig würde, und dann stellte auch mein Vater seufzend dieselbe Frage.

Mein Plan ließ keine Kompromisse zu. Mit meinen handschriftlichen Notizen auf dreifach gelochten Ringbuchblättern in gut sechzig vor mir aufgestapelten Heftern schrieb ich Kapitel um Kapitel mit Bleistift, wiederum auf Ringbuchpapier. Die Dokumente waren in der Reihenfolge angeordnet, in der ich sie benutzen wollte. Allerdings konnte ich Material aus dem Bundesarchiv nur eingeschränkt heranziehen. Zwar bewahrte mich die Kenntnis der vertraulichen Akten vor manchen Fehlern, oder sie erschloß mir, was häufiger vorkam, Zusammenhänge zwischen Indizien aus anderen Quellen, die mir ansonsten vielleicht entgangen wären, aber ich durfte diese Akten nicht direkt zitieren. 1955 kehrte ich noch einmal kurz ins Bundesarchiv zurück, um jüngst freigegebene Dokumente zu sichten. Auf die übrigen mußte ich noch viele Jahre warten.

Unterdessen schrieb ich Tag für Tag. Sobald ein größerer Abschnitt fertig war, las ich ihn Eric Marder vor, der mir seinen

Eindruck mitteilte. Neumann wollte ich nichts zeigen, bevor nicht das ganze Manuskript vorlag. Die Dissertation schrieb ich ja für ihn, er sollte mein Gutachter sein.

Wer den Holocaust erfassen will, sagte mir Claude Lanzmann einmal, muß ein Kunstwerk schaffen. Um das Geschehen darzustellen, sei es in einem Film oder als Buch, müsse man ein vollendeter Künstler sein, denn dieser Nachvollzug sei an und für sich ein Schöpfungsakt. Das war mir bereits klar, als ich mich an die Arbeit machte.

Jeder Künstler bemächtigt sich der Wirklichkeit, ersetzt die rasch dahinschwindende Realität durch einen Text. So nehmen geschriebene Worte den Platz der Vergangenheit ein und werden dann anstelle der Ereignisse selbst erinnert. Wäre sie nicht notwendig, so müßte man diese Transformation anmaßend nennen, aber sie ist unausweichlich, unabdingbar. Diese Aussage betrifft nicht nur mein Thema, sondern alle Geschichtsschreibung, jede Darstellung von Ereignissen. Doch mein Thema war gewaltig, wie der Romancier Bernard Malamud gesagt hätte, oder etwas Kolossales, wie der Theologe Arthur Cohen dies bezeichnen würde, und bei einem solchen Bemühen entspricht ein Fehltritt oder Stolpern dem kolossalen Scheitern.

Es gab keine Literatur, die mir als Richtschnur hätte dienen können. Die Vernichtung der Juden war ein beispielloser Vorgang, ja ein Urakt, den sich bis zu seinem Vollzug niemand hätte ausmalen können. Wie die Deutschen kein Modell für ihre Tat hatten, so hatte ich keines für meine Darstellung. Später wurde mir jedoch bewußt, daß ich mir ordnend und schreibend etwas aneignete: Es war keine Literatur, sondern eine musikalische Komposition. Wenn ich mich abends an meinem Bridge-Tisch ausruhte, hörte ich Radio, das in New York eine große Vielfalt an klassischen Aufnahmen bot. Vom Musikunterricht meiner Kindheit wußte ich allerdings fast nichts mehr. Ich konnte nur lauschen und das Gehörte allmählich verarbeiten.

In dieser Welt gibt es Mozarts und Beethovens. »Mozart schrieb mit fünfzehn Meisterwerke«, sagte Peter Blos, ein Psychologe am College und Spezialist für Probleme der Jugend, als ich ihm einen meiner ärmlichen Schreibversuche aus dem Studienjahr 1942/43 zeigte – das Werk eines Sechzehnjährigen. Es war das vernichtendste Urteil, das ich je über meine Fähigkeiten hörte, und es ging mir nicht aus dem Kopf, sogar als ich später mehr über Blos erfuhr, einen nicht ganz arischen Flüchtling sowie protestantischen Bewunderer Luthers und der Reformation. Mozart würde immer unerreichbar bleiben. Er ließ sich weder nachahmen noch kopieren. Seine Musik überwältigt mich, seien es frühe Kompositionen wie das »Divertimento in D-Dur« oder die späteren mächtigen Orgelfantasien. Alles, was er schuf, wirkt mühelos, als hätte ein geistiges Feuerwerk seine Finger über das Notenpapier oder die Klaviatur gleiten lassen. Dies war ein Gott, den die alten Griechen, hätten sie in seinem Jahrhundert gelebt, voller Hingebung verehrt und angebetet hätten.

Nicht so Beethoven. Er mußte hart *arbeiten*, um sein Werk quälend langsam, Stein für Stein, zu errichten wie ein Bauwerk. Auf die vier Eröffnungsnoten seiner Fünften – bei den Sinfonien bevorzugte ich die mit ungeraden Zahlen – folgten weitere vier, und schon war der Grundstein gelegt. Ich stellte mir vor, wie er aus vier Takten wie diesen eine Phrase, daraus ein Thema und dann Variationen bildete. Aber was für ein Bauwerk trug dieses Fundament. Sogar die Akkorde, also die gleichzeitig gespielten Töne, wurden noch variiert. Nicht umsonst hieß man Beethoven einen Meister. Alles war beherrscht, im höchsten Maße geordnet.

So mußte auch ich streng vorgehen, um meine Arbeit zu ordnen, wie Beethoven seine Musik durchdacht hatte. Zwar ist Schreiben ebenso wie Komponieren ein linearer Ablauf, aber die Literatur hat weder Akkorde noch Harmonien. Deshalb besann ich mich zunehmend auf die sparsamere Kammermusik, in der ich jedes Instrument und jede Note heraushören konnte.

Schuberts *Quintett in C-Dur* – ein urdeutsches Werk – ließ mich erkennen, daß Kraft nicht einfach auf Fülle oder Lautstärke beruht, sondern auf ausgeprägten Kontrasten. Beethovens *Appassionata* beweist als absoluter Höhepunkt der Klaviermusik, daß eine Tastatur ein ganzes Orchester ersetzen kann. Zudem zeigte sie mir, daß ich nicht tausend Seiten lang schreien konnte, Tonstärke und Nachhall dämpfen mußte und die Spannung nur gezielt, und zwar sehr gezielt, lockern durfte.

Ich strebte eine durchgängige Symmetrie an. Beethoven hatte – wie ich in einem 1992 veröffentlichten Buch des Musikwissenschaftlers Lewis Lockwood las – das Finale seiner dritten Sinfonie (»Eroica«) so aufgebaut, daß er die erste Sequenz mit der letzten paarte, die zweite mit der vorletzten und so fort nach dem Prinzip eines Armleuchters bis zur Mitte. Ich ging bei den zwölf Kapiteln meiner Arbeit ähnlich vor. Das erste Kapitel spiegelte sich thematisch im letzten wider, das zweite entsprach dem vorletzten, das dritte dem zehnten. Mein längstes Kapitel betraf die Deportationen. Es bildete das Andante meiner Komposition, worin vielfältige Variationen des Grundthemas widerspiegelten, unter welchen Umständen die Deportationen in den einzelnen Ländern durchgeführt wurden.

Da mir meine konkreten Inhalte vor allem durch Berichte vorgegeben waren, welche die Deutschen gefertigt und hinterlassen hatten, gab es ein Darstellungsproblem. Ich konnte die im Deutschen abgefaßten Dokumente nicht in die Schilderung einbauen, ohne ihre Substanz auf Englisch wiederzugeben. Keine zwei Sprachen gleichen einander. Anders als das Englische enthält das Deutsche viele zusammengesetzte Wörter sowie Wiederholungen, Betonungen und Emphasen. Man könnte meinen, daß dieses Hindernis entfiel, als meine Bücher *ins* Deutsche übersetzt wurden, aber das Deutsch der Naziära war etwas anderes als das der Nachkriegszeit. Radikale Standpunkte, an die man im Dritten Reich noch unbeirrbar glaubte, hatten sich mittlerweile abgeschwächt. Typisch deutsche Ausdrücke waren einem Gemisch aus Fremd- und Lehnwörtern gewichen. Mir wurde die ganze Tragweite der Veränderungen erst bewußt, als ich Fahnenabzüge der deutschen Übersetzungen zugesandt bekam. Nein, sagte ich, so geht das nicht: Ein *Beamter* ist kein *Funktionär*, eine *Niederschrift* kein *Protokoll*, *mißhandelt* bedeutet nicht *malträtiert*. Derartige Veränderungen zerstören die Atmosphäre und den Stil des Originals. Jeder Satz, den man in einem deutschen Dokument der frühen vierziger Jahre vorfindet, ist vom kulturellen Klima jener Zeit durchdrungen, so daß im Grunde ein Deutsch in ein anderes übersetzt wurde. In meiner Verlegenheit plante ich, simple Dokumentationen herauszubringen, doch auch das wäre, sogar in Form von deutschen Originalfassungen, ein Kompromiß gewesen. Dokumente stehen niemals allein, müssen als Bruchstücke gedeutet und erklärt werden. Um sie in eine schlüssige Darstellung aufnehmen zu können, muß man sie zunächst auswählen, exzerpieren und ordnen. Alle diese Vorkehrungen zwingen nackten Texten um der Verständlichkeit willen eine Bedeutung auf. Kurz, welches Genre ich auch wählte, ich würde meine Arbeit jedenfalls derart gestalten müssen, daß die Gedanken der an diesem Drama Beteiligten möglichst intakt blieben.

Ende der vierziger Jahre, als ich Sozialwissenschaften studierte, betonte die methodologische Literatur Objektivität sowie neutrale, wertfreie Begriffe. Ich war Beobachter, der vor allem seiner Rolle gemäß schreiben mußte. Irgendwann sagte ich zu Eric Marder, sofern mein Manuskript jemals als Buch herauskäme, dürfte der Klappentext nichts über den persönlichen Hintergrund des Autors verraten. Fast überflüssig zu erwähnen, daß kein Verlag solche Anonymität zuließ, aber wenigstens der gedruckte Text sollte ganz dem Thema und nicht meiner Person gewidmet sein. Deshalb verzichtete ich auf Anklagen wie »Mord«, sprach auch weder entlastend von »Hinrichtungen«, was die Opfer zu Schuldigen gemacht hätte, noch von »Ausrottung«, als wären sie Ungeziefer. Ich fügte Karten und Zahlen bei, die meinem Text eine kühl distanzierte Stimmung gaben. Einigen Versuchungen erlag ich trotzdem. Herman Wouk sagte mir, das Buch enthalte eine unterdrückte, also *erkennbar* unterdrückte Ironie. Außerdem wollte ich am Ende der Absätze und Kapitel markante Schlußzeilen haben. Ich kämpfte lange mit dieser Entscheidung, hörte die ausufernden Schlüsse Beethovens und daneben ein Violinkonzert von Prokofjew, das einfach abzubrechen schien. Bei der Lösung dieses speziellen Problems neigte ich zu Beethoven.

Vor allem lag mir an einer gedrängten Darstellung. Ich mußte alle Weitschweifigkeiten, Umwege und Wiederholungen meiden, nicht nur, weil sie störend wirken würden, sondern einfach, um den Umfang zu begrenzen. Ich hatte mich insofern verschätzt, als ich mehr Platz und mehr Zeit benötigte als erwartet. Das Projekt erforderte eine sowohl umfassende als auch ausgewogene Darstellung: Wenn das eine, dann auch das andere. Straffung durfte indes nicht Weglassen bedeuten, und der Papierberg wuchs. Diesbezüglich bereute ich niemals meine Hartnäckigkeit. Der neunstündige Film Claude Lanzmanns brachte die Vorgänge ebensowenig auf Miniaturformat wie der zweibändige Roman Herman Wouks. Bei der Planung des United States Holocaust Memorial Museum äußerte ich die Erwartung, daß es nicht klein ausfiele, und als das Bauwerk eingeweiht wurde, lag allein in der schieren Größe eine Aussage. Eric Marder billigte, was ich tat. Er schlug halb im Scherz vor, ich solle Professor Neumann das fertige Manuskript mit den Worten »Hier ist mein Untergang« überreichen.

Im Herbst 1954 war ich soweit, mir einen Überblick über den Stand der Arbeit zu verschaffen. Die meisten Seiten lagen in Reinschrift vor. Obwohl ich auch unterrichten mußte, kam ich meinem Ziel immer näher. Damals lebte ich in Puerto Rico, wo mich ziemlich verspätet die Nachricht erreichte, daß Franz Neumann bei einem Autounfall in der Schweiz umgekommen war. Dieser Schlag traf mich hart. Neumann hatte mir mehr bedeutet, als ich ahnte. Als Politikwissenschaftler hatte er mir mit seinem *Behemoth* ein unverzichtbares analytisches Werkzeug geliefert, als Professor sollte er mein Vorankommen fördern. Doch viel wichtiger war, daß schon seine Anwesenheit mich trug.

Zum ersten Mal dachte ich über *sein* Leben nach. Ich wußte so wenig über ihn. Mit dem wenigen, was ich nach und nach über seine Jugend und Familie hörte, hätte ich keinen zwei Seiten langen biografischen Text schreiben können. Ich wußte, daß er als Jude in Schlesien geboren war und in Frankfurt Jura studiert hatte, in Deutschland als Arbeitsrechtler tätig war, bevor er nach England umsiedelte, in London bei Harold Laski studierte, von dem er zum Doktor der Politikwissenschaften promoviert wurde, bevor er in die Vereinigten Staaten ging. 1942 kam er zum Amt für Strategische Dienste, später zum Außenministerium, zwei Behörden, die Flüchtlinge beschäftigten, um Nazideutschland analysieren zu können. In seinen letzten sieben Lebensjahren war er an der Abteilung für Öffentliches Recht und Staatskunde der Columbia University höchst erfolgreich tätig. Wie ich hörte, hatte er kurz vor seinem Tod mehr als fünfundzwanzig Doktoranden. Seine späteren Artikel über Themen wie Macht und Angst wurden ehrfurchtsvoll zitiert. Mir sagten sie nichts. Was bleibt einem Mann zu tun, nachdem er den *Behemoth* geschrieben hat? Diese Frage beschäftigt mich jedoch heute, und ich hätte sie zeit seines Lebens gewiß niemals ausgesprochen. Damals konnte ich nur sagen, daß der *Behemoth* ein Meilenstein bleiben würde, und daß ich fortan ein akademisches Waisenkind war.

Vom Kämpfen

Viele sind berufen

Ich war siebenunddreißig Jahre lang in der Lehre tätig. In meinem Fach halten Professoren ihren Studenten im Laufe von annähernd vier Monaten im wesentlichen zwei- bis dreimal pro Woche einen Vortrag. Da sie zusammenhängend erzählen sollen, nennt man die Vorlesungen auch »Kurse«. Den Kurs »Grundzüge der internationalen Beziehungen« habe ich mindestens sechzigmal gehalten.

Besonders im ersten Jahrzehnt als Fakultätsmitglied hatte ich ein ziemlich breit gefächertes Repertoire, darunter meine erste Liebe, das Völkerrecht, und mein Hauptthema, amerikanische Außenpolitik, außerdem Weltpolitik, die geographischen Hintergründe der Politik, Amerikas Regierungssystem, öffentliche Verwaltung, Verteidigungspolitik, sogar methodologische Überlegungen zur Politikwissenschaft. Alle diese Kurse gehörten zum normalen Curriculum, und Berufsanfänger mußten beweglich sein. Glücklicherweise faßte ich meine Disziplin weitläufig auf. Mir lag daran, politische Institutionen zu erforschen, die direkt mit dem Alltag zu tun hatten. Gesetze, Behörden und Maßnahmen boten feste Anhaltspunkte. Erst sehr spät gab ich einen Kurs zum Thema »Der Holocaust«.

Eine Professur zu bekommen war keineswegs einfach. Ich mußte drei Hindernisse überwinden. Das erste betraf alle Bewerber und erwuchs aus der Marktlage: Aufgrund der staatlichen Förderung hatten viele Kriegsveteranen eine akademische Laufbahn eingeschlagen, womit das Angebot an formal befähigten College-Dozenten stieg, doch zugleich sanken die Studentenzahlen in den geburtenschwachen Jahrgängen der krisengeschüttelten dreißiger Jahre. Das zweite Problem ergab sich aus der Diskriminierung von Juden, besonders an privaten

Colleges, und das dritte bildete selbstverständlich das heikle Thema meiner Dissertation.

Ich erinnere mich noch an meinen ersten Lehrauftrag, Abendkurse an einer Handelsschule zu halten, die Sekretärinnen und Vertreter für den Dienst in Lateinamerika ausbildete. Ab Februar 1954 durfte ich am New Yorker Hunter College vier Wochenstunden über das amerikanische Regierungssystem für monatlich vier Fünftel von 320 Dollar unterrichten. Das Hunter war eines von vier Colleges der Stadt New York. Bei ihrem Bemühen, einen kulturellen »Schmelztiegel« einzurichten, pflegte die Stadt am Queens College mit überwiegend protestantischer Studentenschaft einen jüdischen und dafür am Brooklyn College, mit seinen fast nur jüdischen Studenten, einen protestantischen Rektor zu berufen. Das Hunter College bildete bereits einen Schmelztiegel von Studenten, darunter allerdings kaum Protestanten, und hatte mit George N. Shuster einen katholischen Rektor. Ich schlug sofort seine Daten nach und fand heraus, daß er vor dem Krieg sowohl Germanistikprofessor als auch Autor von Büchern über Nazideutschland gewesen war. In einer seiner Publikationen hatte er Juden erwähnt, mit Hinweis auf die Krakauer »Fischhändler« und den ästhetischen Reiz der »Töchter Sarahs«. Die Abteilung Politikwissenschaft des Hunter College bestand aus drei Lehrstühlen, allesamt mit Frauen besetzt – eine Protestantin, eine Katholikin und eine Jüdin –, die mir irgendwie altbacken vorkamen. Ihre unzeitgemäße Präsenz mochte sich daraus erklären, daß dieses College vor dem Kriege eine reine Mädchenanstalt war. Man übergab mir einen ausführlichen Lehrplan, den die katholische Professorin ausgearbeitet hatte, wonach ich unterrichten sollte. Sein Akzent lag auf dem Thema Verfassung der Vereinigten Staaten.

Ich liebte die Verfassung und wußte viele ihrer Artikel auswendig. Als Mitglied des Obersten Gerichtshofes hätte ich gewiß mit einem Exemplar dieses Papiers unterm Kopfkissen geschlafen, um ja nicht nachts aufzuwachen, den genauen Wortlaut einer bestimmten Klausel zu suchen und dann den Text nicht griffbereit zu haben. Als Dozent jedoch wollte ich auch die Wirklichkeit des amerikanischen Staates einbeziehen, seine Institutionen sehr breit gefächert darstellen. Dabei folgte ich dem größten Politikwissenschaftler Amerikas, Lord James Bryce, dessen zweibändiges Standardwerk *The American Commonwealth* 1888 in erster Auflage erschienen war und lückenlos alle Arten von Körperschaften enthielt, einschließlich der Universitäten. Ich warf also den Lehrplan weg, besorgte mir farbige Kreide und zeichnete Organisationsdiagramme, um Elemente unseres Gemeinwesens wie das Verteidigungsministerium, die unabhängigen Aufsichtsbehörden und das Bildungswesen zu erörtern. So konnte die jüdische Ordentliche Professorin, als sie unangemeldet in eines meiner Seminare kam, um den Unterricht zu begutachten, sofort alle Ketzereien an der Tafel ausmachen. Später im Semester wollte ich etwas über Vorurteil und Diskriminierung sagen und dabei die Schriften George N. Shusters als Musterbeispiel nennen. Als ich mein Vorhaben mit Eric Marder besprach, ging er davon aus, daß ich den Posten behalten wollte, und warnte mich davor, gerade diesen Fall im Seminar öffentlich anzuprangern. Ich folgte seinem Rat, wünschte mir aber heute, ihn dieses eine Mal nicht hinzugezogen zu haben.

Im Sommer 1954 rief mich jemand vom Amt des Stadtratsvorsitzenden an. Wir hatten 1949 sechs Wochen lang gemeinsam den Republikanern bei einem kommunalen Wahlkampf geholfen, und nun bot er mir – als Demokrat – eine bescheidene Stellung mit dem Gehalt einer normalen Schreibkraft an. Ich lehnte dankend ab und sagte, daß ich bereits am Hunter College beschäftigt sei. In diesem Zusammenhang erzählte ich ihm von einem Brief des (protestantischen) Lehrstuhles, in dem man mir für die geleistete Arbeit dankte, einen schönen Sommer und ein erfolgreiches neues Jahr wünschte. Ich sei mit anderen Worten gefeuert worden, sagte er. Im Moment war ich wie benommen. Konnte ich so naiv gewesen sein? Er griff auf der Stelle zum Telefon und ließ mich beim College um Klärung bitten. Er hatte recht. Ich war arbeitslos.

Die Aussicht, ganztags in einem städtischen Büro zu arbeiten, das weitab vom innen- und außenpolitischen Geschehen lag, wirkte beklemmend – wenngleich mich beeindruckte, daß New York City den zweitgrößten öffentlichen Haushalt der Vereinigten Staaten hatte. So erkundigte ich mich beim Personalbüro der Columbia University nach einer offenen Dozentenstelle. Gefragt, ob irgendwelche Orte nicht in Frage kämen, gab ich an, daß ich überall hingehen würde, wo die amerikanische Flagge wehte. In diesem Fall, hieß es, komme mir eine Gelegenheit in Mayaguez (Puerto Rico) zugute. Diese Stadt lag an der Westküste einer Insel, die man fünfzig Jahre zuvor den Spaniern abgerungen hatte.

Die Stelle war eigentlich in jeder Hinsicht unannehmbar. Mein Vorgesetzter William Hunter Beckwith war in der Filiale Mayaguez der Universität von Puerto Rico Leiter der allgemeinen Studien. Wir unterhielten uns nur telefonisch, da er in New York keine Zeit mehr hatte und umgehend nach Mayaguez zurückkehren mußte. Er zeigte sich an mir interessiert, obgleich – oder eigentlich weil – ich nicht auf Spanisch unterrichten konnte. Puerto Rico gehöre territorial zu den Vereinigten Staaten, und es sei wichtig, daß die Studenten dort ihre Fachgebiete auf Englisch lernten. Vor Ort stellte ich fest, daß ich als einziger *nicht* auf Spanisch unterrichtete. Viele Studenten nickten in den Seminaren, aber wenige verstanden, was ich sagte. Im übrigen ging der Kurs – eine Einführung in die Sozialwissenschaften – auf einen Lehrplan zurück, den die Mitglieder der sozialwissenschaftlichen Fakultät erstellt hatten. Mir war klar, daß ich ihren Stoffplan sogar dann nicht schaffen konnte, wenn ich versuchte, mir die Grundlagen der Fächer anzueignen, in denen ich nicht ausgebildet war. Gewiß galt das auch für die meisten Studenten. Die Universität war angefüllt mit jungen Leuten, die auf der Insel keine Arbeitsplätze bekamen, und 1954 nahm sie fast wahllos puertorikanische Veteranen aus dem Korea-Krieg an, sofern die Regierung der Vereinigten Staaten ihre Studiengebühren und monatliche Beihilfen bezahlte.

Im Unterschied zu den Kubanern hatten die Puertorikaner nie gegen irgendwen aufbegehrt. Sie waren ein höchst friedfertiges Volk mit einem Anflug von Traurigkeit. Sogar ihre Nationalhymne *Borinquen* klang mir traurig. 1954 wirkte Puerto Rico wie eine amerikanische Kolonie. Eine Minderheitenpartei namens *Independendistas* strebte die Gründung einer Republik an. Eine andere kleine Gruppe, *Estadistas*, wollte einen Zustand wie Massachusetts oder Texas, mit Senatoren und Vertretern im Kongreß. Doch die meisten Puertorikaner hielten nur den Status quo für tragfähig, nämlich als eine nahezu steuerfreie Insel mit Niedriglöhnen, um amerikanische Fertigungsbetriebe anzulocken sowie den eigenen Bevölkerungsüberschuß per Luftfracht in New York abzusetzen.

Puerto Rico berührte mich auf ganz unvorhergesehene Weise. Meine puertorikanischen Kollegen akzeptierten mich vorbehaltlos, ohne mich irgendwie umkrempeln zu wollen. Ich genoß die Volksmusik, besonders den *Meringue*, aber auch den würdigen *Danza*, alte spanische Musik, die das Streichquartett »Figueroa« auf der Insel pflegte. Im Dezember 1954 war ich zu einer Weihnachtsfeier eingeladen. Sie kreiste um ein kümmerliches Bäumchen, vielleicht aus Plastik, und alle sangen den *Arbuelito*. Ich fühlte mich fast wie in Trance.

Dort konnte ich nicht bleiben. Franz Neumanns Tod hatte alle meine Hoffnungen zerschlagen. Fest stand lediglich, daß ich keine neue Doktorarbeit schreiben würde. Daher reichte ich die ersten genau 22 Prozent meines Manuskriptes als Dissertation ein und bat Professor William T. R. Fox, mein Gutachter zu werden. Er hatte mich einmal gefragt, ob ich über die deutschen Satellitenstaaten schreiben wolle – denn seine Frau, Annette Baker Fox, ebenfalls Politikwissenschaftlerin, interessierte sich für Kleinstaaten –, was ich aber abgelehnt hatte. Obwohl er daher mit gutem Recht auch mich hätte zurückweisen können, stimmte er meinem Plan in einer großmütigen Geste zu. Im Januar 1955 hatte ich den Doktortitel, und noch im März desselben Jahres erfuhr ich, daß ich meine Stelle verlieren würde.

William Hunter Beckwith bat sechs Fakultätsangehörige schriftlich um ihren Rücktritt – schrieb aber keine sechs Briefe, sondern ein und denselben für alle Adressaten, von dem ich einen Durchschlag erhielt. Ich wußte wenig über Beckwith. Junggeselle mittleren Alters, war er einst Dekan am Hofstra College auf Long Island gewesen, besaß angeblich größere Anteile an einer Werft in Brooklyn und war ein vielfältig begabter Mensch. Er beherrschte Spanisch und mehrere andere Fremdsprachen, hatte als Missionar auf den Philippinen gelebt und spielte auf dem Klavier vielleicht einen ebenso guten Mozart wie Albert Schweitzer Bach auf der Orgel. Einige meiner vom Festland angeheuerten Kollegen versicherten mir, daß Beckwith ausgesprochen bigott war. Eines Tages kamen sie in *Johny's Bar*, wo ich täglich zu Abend aß, und baten mich, einen Aufstand gegen ihn anzuführen. Beckwith hatte gerade dem Englischdozenten und Folkloristen Billie Wallingford Boothe aus West Virginia anvertraut, die Puertorikaner seien schlimmer als die New Yorker Juden. Ich stimmte dem Plan zu. Mit stillschweigender Unterstützung der katholischen Kirche sowie eines maßgeblichen Mitglieds der *Independendista*-Partei bereiteten wir unsere Argumente vor. Am 26. April 1955 verlasen wir eine 61seitige Erklärung vor vollem Haus. Wir setzten uns durch, und ich kehrte ohne einen Posten nach New York zurück.

Als ich neunundzwanzig Jahre alt war, entsprachen die angelaufenen Schulden bei meinen Eltern beinahe dem, was ich mir als jährliches Nettogehalt erhoffen konnte. Im Herbst erhielt ich meine einzigen Bezüge von einem Institut, das mich für ein paar Wochen ins Bundesarchiv nach Washington schickte, um die jüngst freigegebenen Dokumente zu sichten. Zugleich benötigte ich diese Unterlagen für eigene Zwecke und schrieb sie begierig ab. Dann kam der Winter.

Anfang Januar bekam ich einen Anruf von William T. R. Fox. Bei der University of Vermont entstand, bedingt durch den Ausfall von zwei Fakultätsangehörigen nacheinander, eine vorübergehende Vakanz von anderthalb Jahren. Ich fragte ihn, ob ich bei der weitverbreiteten Judendiskriminierung überhaupt das Vorstellungsgespräch überstehen würde. Um mich zu beruhigen, erklärte er, staatliche Universitäten dürften nicht diskriminieren. Als ich dann in Burlington (Vermont) ankam, spürte ich, daß mir keine Gefahr drohte. Man diskriminierte Katholiken. Mich eingerechnet, bestand die neunköpfige Abteilung für Politikwissenschaft aus sechs Protestanten und drei Juden. In dieser Stadt mit weniger als 40000 Einwohnern trennte eine Ost-West-Achse das protestantische vom katholischen Viertel. Zwanzig Jahre zuvor waren dort Katholiken nicht einmal als Schalterbeamte in Frage gekommen.

Beim Vorstellungsgespräch waren mir weder diese Risse voll bewußt, noch durchschaute ich sofort alle Gräben an der Universität. So kam die Hälfte der Studenten nicht aus Vermont, sondern aus anderen Bundesstaaten, und zwischen den zwei Gruppen herrschten erhebliche Unterschiede, was Finanzen und berufliche Aussichten anging. Viele der Fremdstaatler, deren Eltern die hohen Studiengebühren bezahlen konnten, suchten in den Verbindungen nur ihresgleichen. Die jüdischen Studenten, die überwiegend aus anderen Staaten kamen, hatten zwei eigene Bruderschaften und eine Schwesternschaft. In den Wohnheimen der Universität für Studentinnen wurden die Zimmer nach Konfession, Einkommen und Körpergröße zugewiesen. Die Verwaltung wachte aufmerksam über das gesellige Leben der Studenten, damit keine unerwünschten Kontakte über die religiösen und sozialen Schranken hinweg einrissen, und eine Handvoll junger lediger Fakultätsmitglieder wußte weder aus noch ein.

Die Universität hatte nur ungefähr dreitausend Studenten. Als man mir die Bibliothek zeigte, die im Stil der Jahrhundertwende innen ganz mit Holz vertäfelt war, fragte ich nach der

Hauptsammlung, worauf man erwiderte, ich hätte sie vor mir. Der Dekan vermittelte mir den Eindruck, daß Forschung meine Privatsache wäre und ich nur für die Lehre entlohnt würde – mit übrigens tausend Dollar weniger als vier Jahre zuvor beim War Documentation Project. Trotz all der Nachteile und Einschränkungen nahm ich die Stelle ohne Zögern an. Um mich etwas aufzubauen, betonte Eric Marder die Vorteile der neuen Lage: Ich würde vor dem dreißigsten Geburtstag Assistenzprofessor, und die Universität war unverwechselbar, weil sie den Namen eines Staates trug.

Als ich einige Tage nach dem Vorstellungsgespräch mit zwei Koffern in Vermont eintraf, erfuhr ich, daß meine Veranstaltungen nicht an drei Vorlesungstagen, sondern über sechs Vor- und fünf Nachmittage verteilt stattfänden. Statt Internationaler Beziehungen sollte ich Amerikanischer Staat anbieten, und neben meinen vier Pflichtkursen mit drei verschiedenen Themen würde ich an einem Seminar zur Frage der »Volksherrschaft« teilnehmen. Ich beschloß von Anfang an, auch wenn es mir noch so schwerfiel, nie meinen Unterricht zu vernachlässigen. Deshalb konzentrierte ich mich voll auf alle Veranstaltungen, benutzte die verkürzten Wochenenden, um meine restlichen Kapitel abzuschließen. Morgens vor dem Frühstück tippte ich die handgeschriebenen Seiten ab. Dabei mußte ich den Gedanken unterdrücken, daß so langsam, wie ich vorankam, noch Jahre Arbeit vor mir liegen würden.

Am Vorabend meines dreißigsten Geburtstages, dem 1. Juni 1956, erkannte ich meine Lage und fand keinen Schlaf. Auf der zu weichen Matratze meiner möblierten Mietwohnung liegend, starrte ich zur Decke hoch. Ein Vorhang trennte das »Schlafzimmer« von einer Küche, in der ich nie etwas kochte. Ich hatte diese Wohnung – mitten im katholischen französischsprachigen Teil – als eine Form des Protestes gemietet, nachdem eine Fakultätsunke mich gewarnt hatte, nicht im »falschen« Stadtteil nach der Unterkunft zu suchen. Von dort lief ich morgens zur Universität und trank unterwegs meinen Kaffee. Mir wurde bewußt, daß ich nur berufliche Kontakte und keinerlei Privatleben hatte. Was war los mit mir?

Im Sommer beschloß ich, das französische Wohnviertel zu verlassen und in eine größere Einzimmerwohnung direkt an der Universität zu ziehen. Vom Mobiliar abgesehen hätte man meinen können, daß ich bereits in den Mittelstand aufgestiegen war – dies bestand aus einem schmalen Bett mit Fünf-Dollar-Nachttisch, einem billigen Sofa nebst Sessel, Backsteinen und Brettern für meine sehr kleine Bibliothek und einem Eßtisch mit dem letzten dazu passenden Stuhl, die ich billig erstanden hatte und nun als Arbeitsplatz benutzte. Weder Gardinen, noch Teppiche, noch Fernseher, noch Telefon. Auch kein Auto. Als ich in den Vereinigten Staaten ankam, schwärmte ich für Autos, blieb in den Straßen Brooklyns oft stehen, um sie genau zu betrachten. Nun konnte ich mir immer noch keines leisten, doch im Laufe der Zeit verging mir dann auch die Lust auf einen Wagen.

Im Frühjahr 1957 festigte sich meine Erwerbsgrundlage durch eine neue Stellung an der Universität. Dank wachsender Beliebtheit der Politikwissenschaft bei den Studenten mußte der Lehrkörper meiner Abteilung um eine Person erweitert werden. Da ich bereits an Bord war, ließ man mich bleiben. Meine Alternative war allenfalls eine nur befristete Stelle an einem College im Zentrum Ohios.

Als weitere günstige Fügung wurde ich Stipendiat einer jüdischen Organisation, die deutsche Wiedergutmachungsmittel dafür erhielt, Forschungsprojekte bedürftiger jüdischer Opfer auf dem Gebiet des kulturellen Wiederaufbaus zu unterstützen. Da ich aufgrund meines Flüchtlingsstatus als Opfer galt sowie bei meinem Gehalt bedürftig genug war, erfüllte ich nachweislich zwei der Voraussetzungen. Was indes meinen Beitrag zur Förderung der jüdischen Kultur angeht, so bin ich mir der Kriterien meiner Förderer nicht sicher. Jedenfalls bewies der Titel des Projekts eindeutig, daß ich etwas erforschte, was den Juden passiert war. Ich erhielt 1500 Dollar – fast genug, um die Restschulden bei meinen Eltern zu begleichen.

Obwohl ich nunmehr fest angestellt und finanziell abgesichert war, erhöhte ich meinen Lebensstandard nicht merklich. Einer der Gründe dafür war, daß ich nach wie vor nirgends Wurzeln geschlagen hatte. »Vermont ist eine Katastrophe«, sagte mein Vater einmal. Zwar sah er nicht, wie ich abends durch den eisigen Wind zum Essen in die Cafeteria lief, aber er ahnte, wie es mir ging. Obwohl ich so tat, als sei ich glücklich, und von meinen Freundschaften mit jüngeren Kollegen schwärmte – besonders dem belesenen L. Jay Gould, der in Puerto Rico aufgewachsen war und mich *hijo*-Sohn nannte, während er sich geduldig meine Klagen anhörte –, wußte mein Vater, daß ich diesen Staat nach all den Jahren sofort mit meinen beiden Koffern und ein paar Bücherkisten wieder hätte verlassen können. Ich sollte jedoch erwähnen, daß fehlende soziale Einbindung nicht der einzige Grund für meinen gebremsten Konsum war. Hinzu kam eine sehr spezifische Sorge, nämlich die Erwägung, wieviel Geld ich benötigen würde, um die Publikation meines Buches zu sichern.

Der Weg zur Publikation

Im November 1955, noch vor meiner Ernennung in Vermont, teilte mir der Dekan für höhere Studien der Columbia University mit, daß ich den Clark F. Ansley Award bekäme. Diesen Preis verlieh die Universität jährlich zwei Doktoranden, je einen für die Sozial- und für die Geisteswissenschaften. In jenem Jahr fielen allein in den Sozialwissenschaften gut siebzig Titel an. Meine Dissertation war in zwei Etappen gewählt worden. Nachdem mich die Abteilung für Öffentliches Recht und Staatskunde vorgeschlagen hatte, gewann ich den Wettstreit gegen Bewerber der anderen sozialwissenschaftlichen Abteilungen. Der Preis bestand im Angebot der Columbia University Press, die prämierte Dissertation zu veröffentlichen.

Damit hatte sich eine Tür geöffnet: Ich konnte mich darauf freuen, mein Werk gedruckt zu sehen. Durch diese Entwicklung beflügelt, war ich auch dankbar – besonders William Fox, der mir bereits nach Neumanns Tod weitergeholfen hatte, als er meine Arbeit annahm. Als ich später bedauerte, mich gar nicht erkenntlich zeigen zu können, antwortete er nur, ich sollte anderen helfen, die mich brauchten, und das habe ich, von Vermont aus, so weit wie möglich versucht.

Bald darauf deutete sich in einem Schreiben des Verlagsleiters der Columbia University Press, Henry H. Wiggins, ein Problem an – denn die preisgekrönte Dissertation war nicht das komplette Manuskript. Würde ich, fragte Wiggins mit Schreiben vom 30. Dezember 1955, der Publikation dieses Teilstücks prinzipiell widersprechen, falls die Fakultät und der Verlag befänden, daß der Ansley Award »dieses und nur dieses« betreffe und ich »später eigenständig« mit dem Verlag darüber verhandeln müsse, »mehr« vom Text zu veröffentlichen. Ich war beunruhigt durch sein Taktieren und glaubte herauszuhören, daß er bereits eine Ablehnung der Gesamtveröffentlichung ins Auge gefaßt hatte, und konnte mir vorstellen, daß er ein Memorandum für die Fakultät entwarf und darauf drängte, den Ansley Award künftig nur noch für Dissertationen zu verleihen, die einen bestimmten Umfang nicht überschritten.

Mein Schriftwechsel mit Wiggins ging über dreieinhalb Jahre. 1956 legte er mir schrittweise den Standpunkt des Verlages auseinander. Vor allem beschränke sich die finanzielle Zuständigkeit der Press eindeutig auf den Dissertationsteil. Für den Rest des Manuskripts müsse die Beihilfe einer Stiftung beantragt werden. Dann erwähnte er einen Gutachter. »Formell« könne sein Verlag den vollständigen Text nur dann annehmen, wenn ein anerkannter Fachmann ihn günstig beurteile.

Diese Briefe kamen, als ich versuchte, letzte Hand an meine Arbeit zu legen. Was ich vor der Umsiedelung nach Vermont entworfen hatte, konnte ich ziemlich flott durchsehen und ins reine schreiben. Mitte 1956 lag bis auf die letzten beiden Kapitel alles fertig vor, doch dann erwiesen sich die Schlußbetrachtungen, vor allem über Konsequenzen und Implikationen für die Nachkriegszeit, als ein wahrer Albatros, mit dem ich bis Frühjahr 1958 kämpfte. In dieser Zeit wuchs nicht nur mein Manuskript, sondern auch mein Sparkonto. Zwar hätten die Beträge für eine Veröffentlichung der Arbeit niemals ausgereicht, ich sparte aber dafür, notfalls einen eigenen Zuschuß beisteuern zu können.

Im Oktober 1956 bekundete ein völlig Fremder Interesse an meinem Manuskript, Frank C. Petschek in New York. Er war Flüchtling aus der Tschechoslowakei, wo seine Familie Kohlenbergwerke besaß. In einem Kapitel des Dissertationsteils hatte ich die Arisierung der Petschek-Betriebe, also ihre Zwangsüberführung in deutsche Hände, dargestellt. »Wir hatten nie etwas mit Banken zu tun«, sagte mir Petschek bei einem Treffen. Als ich ihn danach fragend anschaute, erklärte er mir, daß der Familie Petschek nie irgendwelche Banken *gehörten.*

Petscheks Neugier erwachte, als ihm seine Tochter, Doktorandin für Politikwissenschaft an der Harvard University, von einem Gespräch mit ihrem Professor Carl Friedrich berichtete, einem der Gutachter der American Political Science Association für die Wahl der besten politikwissenschaftlichen Dissertation des Jahres. Zwar hatte mich dabei Judith Sklar mit einer in Harvard vorgelegten theoretischen Studie über »Utopien« ausgestochen, aber Friedrich war von meiner Arbeit beeindruckt. Er konnte sich weder an meinen Namen noch an den Titel der Dissertation erinnern, wußte jedoch sicher, daß ich an der Columbia University promoviert hatte und mit den Petscheks geredet haben mußte. Frank Petschek konnte sich an kein Interview erinnern und wollte wissen, woher ich mein Material hatte. In der Bibliothek der Columbia University fand er die Dissertation weder unter »Kohlenbergbau« noch »Industrie« oder »deutsche Wirtschaft«. Schließlich überreichte man ihm einen Band des Titels »Prolog zur Vernichtung«. Wo Fußnoten auf die Unternehmen der Familie Petschek hinwiesen, fand er Zitate aus den Nürnberger Prozeßakten, die aus den Unterlagen des Finanzministeriums, von deutschen Industriebetrieben und Banken entnommen waren.

Da die Bibliothek keine Manuskripte auslieh, Petschek meine Studie aber in Ruhe zu Hause lesen wollte, bat er mich schriftlich um ein Exemplar. Damals waren Duplikate noch Kohlepapierdurchschläge, und das Original der Reinschrift, die ich selbst gefertigt hatte, lag bei der University Press, so daß ich Wiggins bat, es Petschek zu leihen.

Bis April 1957 hatte Frank Petschek alle damals vorliegenden 1600 Typoskriptseiten gelesen und fragte beiläufig, ob die Publikation der Arbeit finanziell gesichert sei, worauf ich erwiderte, das erwartete Defizit sei noch nicht gedeckt. Im Sommer teilte er Wiggins mit, er könne den erforderlichen Zuschuß nicht leisten, was dieser als endgültig nahm. Aber weshalb hatte Petschek dann alle diese Kapitel über die Endlösung gelesen? Er war selbst Jude. Die Familie seiner Frau war getötet worden. Außerdem fühlte er sich verantwortlich, zweifellos weil er einst ein bedeutender Geschäftsmann war. Er wollte aus dem Manuskript ein Buch machen – also weder es noch mich fallenlassen. Zugleich wußte er genau, wie stark seine Mittel geschrumpft waren. Seine kleine Stiftung belieferte Colleges mit Dias seiner liebsten holländischen Landschaftsmalereien. Er hatte mir das Exemplar eines Weltalmanachs gezeigt, in dem er einige der bedürftigen Institute angekreuzt hatte. Offenbar wollte Wiggins mehr als Dias.

Daneben gab es einen weiteren Interessenten, Philip Friedman. Als ich im Januar 1955 meine Dissertation verteidigte, saß er anstelle von Salo Baron im Prüfungsausschuß. Friedman war kein Philanthrop, sondern Überlebender, und führte an der Universität einen schlecht bezahlten Lehrauftrag für Geschichte durch. Ihn interessierten die Juden in Polen, und er wollte ein Buch über Ghettos schreiben, doch dazu kam es nicht, weil er jung starb, ohne das Projekt in Angriff genommen zu haben. Er hatte Verbindungen zu vielfältigen Institutionen und las meine Dissertation gründlich durch. Da er sich in der jüdischen Welt auskannte, riet er mir, die Columbia University Press solle das ganze Manuskript gemeinsam mit einer Stelle herausbringen, die zwei Jahre zuvor in Jerusalem eingerichtet worden war: Yad Vashem, Israels amtliche »Behörde zum Gedenken an das Unheil und an den Heroismus«. Druck und Herstellung sollten in Israel liegen, wo die Kosten geringer waren als in den Vereinigten Staaten. Die Israelis wollten 10000 Dollar. Sofern die Columbia University Press 5000 Dollar aus ihren Ansley-Reserven beisteuerte, meinte Dr. Friedman, dürfte es nicht schwer sein, den Rest aufzutreiben. Für diese Idee war die Press aufgeschlossen. Vielleicht lockte das Emblem von Yad Vashem sogar die fehlenden Mittel an – wobei Wiggins kaum Zweifel daran ließ, daß er jüdisches Geld meinte.

Zwar belehrte mich das Urheberrechtsgesetz darüber, daß der Import von im Ausland gedruckten Titeln amerikanischer Autoren beschränkt war, aber ich konnte keine Bedingungen stellen. Im April 1958 traf das komplette Manuskript in Jerusalem ein. Die Erwiderung von Yad Vashem stammt vom 24. August 1958. Der ungekürzte Text des Briefes lautet wie folgt:

> Lieber Herr Professor Hilberg,
> Ihr Manuskript über die Ausrottung der Juden wurde in den letzten beiden Monaten von unseren jeweiligen Fachleuten für die einzelnen darin abgehandelten Aspekte gelesen.
> Bei einer Sitzung des Beirates am 15. 8. 1958 trugen wir unsere Leseeindrücke zusammen. Im gemeinsamen Protokoll heißt es, das Manuskript habe zwar zahlreiche Verdienste, aber auch gewisse Mängel:
> 1. Ihr Buch stützt sich fast durchweg auf deutsche Dokumente, ohne Primärquellen heranzuziehen, die in den Sprachen besetzter Gebiete oder auf Jiddisch und Hebräisch abgefaßt sind.
> 2. Unsere jüdischen Historiker machen Vorbehalte geltend, was Ihre geschichtlichen Schlüsse angeht – sowohl im Vergleich mit früheren Zeiten als auch im Hinblick auf Ihre Einschätzung des (aktiven und passiven) jüdischen Widerstandes während der Nazi-Besatzung.
> Aufgrund des Gesagten kann unser Institut nicht als Mitherausgeber in

Erscheinung treten, ohne die Gefahr heraufzubeschwören, daß auf die Geschichte der Nazikatastrophe spezialisierte Fachkritiker, die auch die Sprachen der verschiedenen besetzten Staaten beherrschen, sich ablehnend über das Buch äußern.
Andererseits sind wir bereit, zwischen der University of Columbia und der hiesigen Druckerei zu vermitteln, damit Ihr Buch unter der Schirmherrschaft der Columbia University erscheinen kann.
Mit freundlichen Grüßen
[von Hand unterschrieben]
Dr. J. Melkman
Generaldirektor

Hier war das erste negative Urteil über mein Manuskript, und diese Kugeln kamen aus Jerusalem. Zehn Jahre lang hatte ich gehofft, daß Juden und gerade Juden meinen Text lesen würden. Für sie arbeitete ich. Und dann so etwas. Ich wußte sehr wenig über Yad Vashem, und Dr. Melkman kannte ich damals gar nicht, fragte mich aber, wer er sein mochte. Wie ich später erfuhr, war er 1957 nach Israel eingewandert. Vor dem Krieg war er in den Niederlanden Griechisch- und Lateinlehrer gewesen. Während der deutschen Besetzung des Landes konnte er sich aufgrund seiner zionistischen Beziehungen zusammen mit seiner Frau in einer unsicheren Vorzugsstellung halten, zunächst in Amsterdam, dann im Durchgangslager Westerbork und am Schluß in Bergen-Belsen. Bei seinem Brief an mich hatte er sich offenkundig auf seine Leute verlassen. Die Quelle seines Arguments über den »Widerstand« ergab sich schon aus dem Briefkopf von Yad Vashem, worin sich das Unheil und der Heroismus die Waage halten. Neben dieser Ideologie sah ich nur ein spießiges Bemühen um Selbsterhaltung. Ob die Fachleute bei Yad Vashem wirklich glaubten, daß ihre jiddischen oder hebräischen Quellen etwas Wesentliches an der Darstellung geändert hätten, die sich aus den deutschen Dokumenten ergab? Konnten sie wirklich auf den »Primärquellen« in den Sprachen der besetzten Länder bestehen, als faktisch dieses Material damals weitgehend für die Öffentlichkeit gesperrt und daher auch den Experten von Yad Vashem unbekannt war? Wo waren ihre Veröffentlichungen? Was belegte ihre Sachkunde? Wenn Dr. Melkman die Fähigkeiten seiner Kollegen nicht in Frage stellte, so erlaubte er sich doch, bei meiner Arbeit von »gewissen Mängeln« zu sprechen, obwohl er genau wußte, daß ich sein Schreiben bei der Columbia University Press vorlegen mußte.

Kurzum, ich schnitt das Tischtuch durch und antwortete Dr. Melkman in einer Form, die Diplomaten »offen« nennen. Wiggins war über den Ton meiner Antwort verblüfft. Anders als ich hatte er noch ein Fünkchen Hoffnung, daß sich die Haltung in Jerusalem ändern würde. Für mich kam diese Möglichkeit nicht mehr in Betracht.

Als nächstes mußte der Verlag »Proben« des nicht als Dissertation ausgezeichneten Textes bei einem unabhängigen Gutachter vorlegen. Am 29. Dezember 1958 informierte mich Wiggins über dessen Urteil. Entscheidend war der folgende Satz des Schreibens:

> Der Gutachter erkennt an, daß die Abschnitte »viel wichtiges, gut dokumentiertes Material enthalten«, dachte aber, daß viele Ihrer Kommentare eher von einem »polemischen Ankläger« zu stammen scheinen als von einem Historiker, so daß sie unmöglich in einem wissenschaftlichen Werk unter dem Impressum der University Press erscheinen könnten.

Wurde mir damit vorgeworfen, die Deutschen anzuklagen? Der anonyme Gutachter hatte befunden, daß mein Manuskript für eine Publikation »gründlich überarbeitet« werden müßte. Unter den Umständen, schloß Wiggins, könne mir die Press nur einen Vertrag für den ersten Teil anbieten, oder man müsse es ganz lassen. Ich mußte es lassen. Denn wie fände ich einen Verlag für die restlichen gut drei Viertel der ganzen Arbeit? Doch gelänge das wider Erwarten, was sollte man mit zwei Editionsstilen, zwei Registern und zwei Büchern anfangen, die als Einheit zusammengehörten, jedoch getrennt verkauft würden? Der ganze Plan erschien mir abwegig, und der Wintertag war trübe. Mein Sparkonto wies 1600 Dollar auf. Wie viele

Jahre mochte es dauern, bis ich genügend Geld gespart hatte, um einen Verlag überzeugen zu können?

Ich übermittelte Petschek die deprimierende Kunde. Er antwortete sofort und schrieb: »Ich kann mich nicht des Eindrucks erwehren, daß Ihre umfangreiche Arbeit bloß aus Kostengründen nicht publiziert wird.« Dann fügte er an: »Ich möchte Ihnen gerne helfen, dieses Hindernis zu überwinden, wenn es in meiner Macht liegt.« Er wollte mich bald sehen. Als ich ihn dann in New York aufsuchte, sagte er mir 10 000 Dollar zu. Das sei zwar viel Geld, er müsse es sich aber nicht vom Munde absparen.

Der mit Eric Marder befreundete Philosoph Hilary Putnam schlug mir vor, das Manuskript an die Princeton University Press zu schicken. Dies tat ich, ohne die Unterstützung Petscheks zu erwähnen. Wenn es irgend möglich war, wollte ich ohne eine Geldspritze auskommen. Die Antwort, datiert auf den 25. März 1959 und unterschrieben von Gordon Hubel, ließ nicht lange auf sich warten. Zu seinem »großen Bedauern«, schrieb Hubel, müsse er mir mitteilen, daß meine Studie dort nicht erscheinen könne. Das Manuskript sei »als Fallstudie im Bereiche der öffentlichen Verwaltung nicht bedeutend genug, um auf diesem Feld allein dastehen zu können«. Außerdem genügten »bereits vorhandene« Bücher wie die von Reitlinger, Poliakov und Adler »für alle außer den ganz wenigen Spezialisten«.

Hubel meinte hier H. G. Adler, der ein wichtiges deutschsprachiges Werk über das Ghetto von Theresienstadt geschrieben hatte. 1955 in Deutschland erschienen, ist das Buch bis heute nicht ins Englische übersetzt worden.

Nach Erhalt dieses Schreibens rief ich Hubel an und fragte ihn, ob die Information, daß ich mit einer Unterstützung von 10 000 Dollar rechnen könne, die Entscheidung beeinflußt hätte. Am anderen Ende der Leitung blieb es einen Moment still, bis er mir erklärte, die Princeton University Press entscheide nicht aufgrund finanzieller Erwägungen.

Während das Manuskript noch in Princeton lag, nannte mir John Teal – ein Ethnologe der University of Vermont, der auf die Eskimos und Indianer der Arktis spezialisiert und unserer Abteilung zugewiesen war – die University of Oklahoma Press. Reizvoll an diesem Verlag, sagte er, sei die handwerkliche Qualität und Schönheit des Satzes und der Bindung. Da mir keine andere Wahl blieb, schrieb ich nach Oklahoma und erwähnte dabei von vornherein, daß 10000 Dollar für den Kauf von Büchern bereitstünden. Bei der University of Oklahoma Press lag mein Manuskript sechzehn Monate lang. Der Lektor, Savoie Lottinville, ein warmherziger, freundlicher Mann, mußte fast sechs Monate auf die ganz erstklassigen Gutachten über meine Abhandlung warten. Immerhin war es doch sehr umfangreich. Dann wollte er die 10000 Dollar direkt als Zuschuß haben. Die Herstellung würde bei einer Auflage von 1650 Exemplaren rund 24000 Dollar kosten. Bei einem Ladenpreis von 20 blieben dem Verlag 12 Dollar pro Exemplar, so daß der Beitrag erforderlich sei, um die Kosten zu decken. Ein wenig später korrigierte er die Kostenschätzung auf 28000 Dollar bei 2500 gedruckten Exemplaren, von denen 2000 abgesetzt werden könnten, und verlangte nun 17000 Dollar mit dem Angebot, im Fall von Überschüssen einen Teil der Summe zurückzuzahlen.

Ich wurde immer unruhiger. Frank Petschek hatte einen Schlaganfall erlitten, und ich korrespondierte mit seinem Schwiegersohn Maurice de Picciotto, der die Geschäfte der Stiftung in selbstloser Arbeit weiterführte. Wie alle Universitätsverlage nahm die University of Oklahoma Press keine privaten, sondern nur universitäre Zahlungen an, und die University of Vermont war bereit, in ihrem Namen alle von mir bereitgestellten Gelder weiterzuleiten. Meine Ersparnisse hatten 3100 Dollar erreicht. Da ich mit meinen Eltern quitt war, konnte ich den Rest bei ihnen ausleihen. Diese Situation erklärte ich Petschek. Er saß im Lehnstuhl, konnte kaum sprechen, schrieb aber den Gesamtbetrag auf einen Zettel, den er mir übergab.

Das war freilich noch nicht der Schluß. Savoie Lottinville verlangte eine Liste aller Organisationen, an welche die Petschek Foundation die hypothetischen Rückzahlungen weiterleiten konnte. Im Rahmen einer kurzen, einstündigen Sitzung in New York befragte mich Lottinville eingehend über meinen Werdegang und sagte, die Stellen über Martin Luther könnten bei religiösen Gruppen Anstoß erregen. Schließlich sei die University of Oklahoma Press kein simpler Hochschulverlag, sondern gehöre einer *staatlichen* Universität, so daß diese Stellen geändert werden müßten. Im Interesse der Ausgewogenheit deutete er auch an, alle unschicklichen Äußerungen über Kardinäle und Rabbis zu berichtigen. Ich sagte, daß ich mir sachdienliche editorische Vorschläge gerne anhören würde. Im übrigen machte ich ihn auf die Schlagzeilen aufmerksam, denen zufolge israelische Agenten Adolf Eichmann aus Argentinien entführt hatten. Ein großer Prozeß stehe bevor, sagte ich, und wir verspielten eine Chance, wenn wir diese Entwicklung nicht für die rasche Publikation nutzten. Anscheinend hörte Lottinville gar nicht zu. Einige Monate später forderte er eine Vollmacht, nach eigenem Ermessen beliebig viele editorische Änderungen vorzunehmen, ob sie mir paßten oder nicht.

In der Frühphase meiner Beziehungen mit der University of Oklahoma Press sprach ich beiläufig mit Charles Lieber von Random House. Er besuchte die University of Vermont, wo er nicht nur Lehrbücher für Studenten verkaufen, sondern auch Manuskripte erwerben wollte. Ich sagte ihm, daß ich keine Begleittexte, sondern nur eine Abhandlung über die Vernichtung der europäischen Juden geschrieben hätte und mit der University of Oklahoma Press verhandelte. Als wir draußen in der milden Oktobersonne standen, erwähnte ich auch den Betrag von 10000 Dollar, den Petschek mir bereits zur Finanzierung des Buches versprochen hatte. »Für 10000 Dollar drucke ich es Ihnen von Hand«, sagte er. »Abgemacht« erwiderte ich, halb spielerisch, halb ernst. Als wir die Treppe hinaufstiegen, besann sich Lieber noch einmal. Moment, sagte er, Random

House sei eigentlich nicht der geeignete Verlag für meine Arbeit. Daraufhin zeigte ich ihm den Durchschlag des Manuskripts. »Es wirkt sehr deutsch«, meinte er mit Blick auf die Fußnoten. Diese waren zwar nur kurz, gingen aber in die Tausende. Der richtige Verleger, befand er, wäre sein guter Freund Alexander Morin, der früher Leiter der University of Chicago Press war und inzwischen einen neuen kleinen Privatverlag namens Quadrangle Books in Chicago führte. Er war bereit, direkt von meinem Büro aus mit Morin zu reden, sofern ich das Telefonat bezahlte.

Elf Monate später schickte ich Morin mein Manuskript. Er war hell begeistert, voller Bewunderung für meine Arbeit, und kassierte – ohne ein einziges externes Gutachten – Petscheks 15 000 Dollar für Exemplare, die als Schenkungen an Bibliotheken gingen. Bald darauf verkaufte er Rohbögen für weitere 2900 Dollar an einen britischen Verlag und hatte meine Vorausbestellung über einige Hundert Dollar für Bücher, die ich Angehörigen und Freunden schenken wollte.

Später erfuhr ich, daß seine Herstellungskosten kaum 18 500 Dollar betragen hatten. Kurz, die Ausgaben waren gedeckt, bevor das Buch auf den Markt kam, nicht eingerechnet der Erlös von mehreren Tausend Exemplaren zum Ladenpreis von 14,95 Dollar. Später sagte mir sein Nachfolger, Melvin Brisk, daß man das Geld der Petschek Foundation eigentlich nicht gebraucht hätte. Die meisten Bibliotheken hätten die von der Stiftung zur Gratisverteilung gekauften Bücher jedenfalls erwerben müssen.

Um seine Kosten zu senken, ging Morin manchen Kompromiß ein. Ich erwartete keine Prachtausgabe und bekam alles Wesentliche: Karten, Tabellen und integrierte Fußnoten. Trotzdem entging mir nicht, wie billig Papier und Einband waren, was anzukündigen schien, daß dies Buch nicht für die Ewigkeit gemacht war. Einen Stich versetzte mir das Aussehen von Tabelle 87, die in Tabellen 87A und 87B zerfallen war. Das Original war ein Flußdiagramm, mit dem ich zeigen wollte, was aus den Nachlässen der in Vernichtungslager beförderten Juden wurde. Dieses Diagramm bot nicht nur eine illustrierte Fallstudie zur öffentlichen Verwaltung, sondern es veranschaulichte auch die Verstrickung. Mir lag sehr daran, auf einen Blick nicht nur alle deutschen Behörden darzustellen, die mit der jüdischen Habe befaßt waren, sondern auch alle Gruppen von Menschen, die als Empfänger ausersehen waren. Ich weiß noch, daß ich einen ganzen Monat lang an dem Diagramm gearbeitet hatte, indem ich Querverbindungen in Schwarz und Rot eintrug, um diese verwickelten Vorgänge darzustellen und die Absichten der Beteiligten widerzuspiegeln. In meiner Naivität hatte ich angenommen, daß meine Tabelle intakt bliebe und im Buch auf einem Faltblatt erschiene. Nach dem Eingriff Alexander Morins gab es keinen Gesamtüberblick und kein klares Bild mehr. Auf zwei Rücken an Rücken abgedruckten Halbtabellen waren meine diagonalen Pfeile waagerechten und senkrechten Linien gewichen, einige sogar in Form von Rechtecken – verwirrend, unverständlich, nutzlos.

Morin ließ auch seinem Geschmack freien Lauf. Vor allem wählte er ein zweispaltiges Druckformat, das mich aufbrachte, weil es viele zusätzliche Worttrennungen, verkleinerte Absätze und gedrängt, ja überladen wirkende Seiten bedeutete. Obwohl er mich gefragt hatte, ob ich den Leineneinband gerne in Schwarz hätte, wählte er später Braun.

Besonders problematisch war der Schutzumschlag, dessen Ähnlichkeit mit dem unglaublich erfolgreichen Zehn-Dollar-Band William Shirers über Aufstieg und Fall des Dritten Reiches schwer zu übersehen war – genau wie der Bestseller prangte mein Buch in Weiß, Schwarz und Gelb, allerdings mit anderen Proportionen. Beide Umschläge zierten Hakenkreuze. Es erschien, als versuchte mein Verleger, auf Shirers Erfolgswelle mitzureiten. Bei diesem Gedanken war ich leicht, wenn auch nur ganz leicht bedrückt.

Nachwirkungen

Der dreißigjährige Krieg

1985 rezensierte David Wyman, der Autor von *Das unerwünschte Volk,* die zweite Auflage meines Buches in der *New York Times.* In diesem Beitrag schrieb er, daß die erste Auflage beim breiteren Publikum fast unbemerkt geblieben sei. Judith Sklar kam 1989 zu einem ganz ähnlichen Befund. Als Präsidentin der American Political Science Association und Harvard-Professorin an die University of Vermont eingeladen, um einen Vortrag zu halten, erklärte sie mir, Bücher müßten zum richtigen Zeitpunkt erscheinen, aber *Die Vernichtung der europäischen Juden* sei zu früh gekommen.

Themen mögen unterdrückt oder in den Brennpunkt des öffentlichen Interesses gerückt werden, doch in den Gründen spiegeln sich stets gesellschaftliche Tabus oder Bedürfnisse wider. Das inzwischen als »der Holocaust« bezeichnete Phänomen schlug in den Vereinigten Staaten erst Wurzeln, als die Qualen des Vietnam-Krieges aufgehört hatten, als eine neue Generation von Amerikanern nach moralischen Gewißheiten suchte und der Holocaust zum Symbol für etwas absolut Böses wurde, an dem man alle anderen Ausschreitungen von Nationen messen und einschätzen konnte. Für Deutschland war es erst in den achtziger Jahren soweit, als die Täter entweder tot waren oder in Altersheimen saßen, so daß die Kinder und Kindeskinder zum ersten Mal offen fragen konnten, was die Alten in der Nazizeit getrieben hatten. Auch in Frankreich, diesem vertrackten Land, wo ehemalige Widerstandskämpfer Tür an Tür mit früheren Kollaborateuren lebten, mußte erst Zeit vergehen. In Deutschland ebenso wie in Frankreich vergingen Jahrzehnte, bevor mein Buch übersetzt wurde, aber dann übertraf das Echo meine Erwartungen.

Als 1961 die erste Auflage erschien, spürte ich, daß man allgemein nicht auf mein Thema vorbereitet war. Ich kannte ja bereits einige Gesetze des Literaturbetriebs und war auf Schwierigkeiten gefaßt, etwa beim Versuch eines kleinen Verlages, ein so umfangreiches Buch zu verkaufen. Soviel wußte ich. Nicht vorausgesehen hatte ich jedoch die *Art* der Reaktionen – also was Rezensenten ganz selbstverständlich erschien und was Kontroversen entfachte.

Ich erwartete Angriffe auf meine zentrale These. Immerhin hatte ich behauptet, daß der Vernichtungsprozeß ein bürokratischer Vorgang war, der nur zum Erfolg führen konnte, weil alle möglichen Fachleute ihre Ideen und Kenntnisse dazu beigetragen hatten; daß Bürokraten zu Tätern wurden vermöge ihrer Stellung und Kompetenz in genau der Entwicklungsphase, die ihr Eingreifen erforderlich gemacht hatte; daß sie denkende Menschen gewesen waren; und vor allem, daß sie verfügbar blieben, also weder ihren Dienst quittiert, noch Maßnahmen der Verwaltung behindert hatten. Diese allumfassende Bereitschaft, die tief verwurzelt sein mußte, besagte einiges darüber, was in Deutschland eigentlich vor sich gegangen war. Angesichts der herrschenden Vorstellung, die Nazis hätten einem willenlosen deutschen Volk ihren Willen aufgezwungen, und das ganze Regime sei eine historische Abirrung gewesen, machte ich mich auf den alten Einwand gefaßt: Die Nazis in Deutschland waren Verführer, Betrüger, Schergen und Sadisten, aber sonst ist der Mensch weltweit im Grunde gut. Doch fast niemand zog über meine Darstellung des Vernichtungsapparates her. Die meisten Kommentatoren übergingen meine Analyse einfach oder nahmen sie als selbstverständlich. *Ein* Mann dachte etwas gründlicher darüber nach und hielt sie für eine Entdeckung, womit er die Endlösung nach der Lektüre meines Buches nicht mehr im alten Licht habe sehen können. Dieser Rezensent war Hugh Trevor-Roper.

Trevor-Roper, ein vielseitiger Historiker, verschanzte sich nicht hinter einer »Maginotlinie« stark verdichteter Themen im Umkreis irgendeiner kurzen Zeitspanne. Nachdem er ein wuchtiges Buch über Erzbischof Laud und ein populäres, leichter zugängliches über die letzten Tage von Adolf Hitler geschrieben hatte, ernannte ihn die Oxford University zum Regius Professor für Neuere Geschichte. Von ihm stammen auch mehrere Dutzend meisterhafte Essays, überwiegend auf Bücher bezogen. Meist schrieb er über Figuren wie Machiavelli, Thomas More, Gustav Adolf oder Karl Marx, aber auch Gruppen wie die Jesuiten Japans, die Quäker und die Juden. Über letztere hatte er drei Essays veröffentlicht, einen davon in der Zeitschrift des American Jewish Committee, *Commentary* – die Trevor-Roper offenbar wegen seiner Hitler-Studie und seiner Essays über jüdische Themen als Rezensenten für mein Buch auswählte. Seine Besprechung füllte sechs Seiten und bot allen, denen es zu mühsam war, sechzehnhundert Doppelspalten zu lesen, ein Resümee nebst Einordnung und Bewertung meiner Befunde. Trevor-Roper hatte alles von Grund auf erfaßt und besprach meine Studie erneut im *New Statesman*, wo er die entscheidende Aussage machte, die Vernichtung der Juden sei ein »nationaler Akt« gewesen, in den die Deutschen, wenn sie dies auch verschleiern wollten, »als Volk verstrickt waren«.

In den Vereinigten Staaten spielen Analysen zum Nationalcharakter keine so große Rolle wie in Europa, wo mehrere Autoren wie Ernest Barker und Salvador de Madariaga dieses Gebiet erkundeten. Da man nationale Eigenarten in den USA immer sehr vorsichtig behandelte, stammen die wichtigsten Studien sogar zum *amerikanischen* Nationalcharakter von Europäern wie Alexis de Tocqueville, Gunnar Myrdal oder Dennis Brogan. Also versuchten amerikanische Kritiker, die klar erkannten und einhellig akzeptierten, was ich über die Beteiligung deutscher Diplomaten, Soldaten, Rechtsanwälte, Buchhalter, Polizisten und Registratoren am Werk der Vernichtung geschrieben hatte, erst gar nicht, daraus endgültige Schlüsse zu ziehen. Demnach hatte ich faktisch keine Deutschland-Kontroverse entfachen können.

Zum Eklat kam es jedoch, als Trevor-Roper mit besonderem

Interesse für die Juden herausstellte, wie ich das Handeln der Opfer während der Katastrophe einschätzte. Ich hatte das Verhalten der jüdischen Gemeinden in meine Schilderung aufgenommen, weil ich die jüdischen Institutionen als verlängerten bürokratischen Apparat Deutschlands ansah. Kraft der Logik hatte ich zu berücksichtigen, wie sehr sich die Deutschen auf jüdische Beihilfe verlassen mußten. Daher befaßte ich mich mit der jüdischen Tradition des Vertrauens auf Gott, Fürsten, Gesetze und Verträge. Zu bedenken war letztlich auch der jüdische Kalkül, der Täter würde nicht vernichten, was er ökonomisch ausbeuten konnte. Genau diese Erwägung war es, die Juden zwang, sich zu fügen und auf jeglichen Widerstand zu verzichten. Nun wies Trevor-Roper besonders auf meine Ausführungen zu diesem Thema hin. Er erkannte sofort, daß die jüdische Führung von 1933 bis zum Ende keine neue, von den Tätern eingerichtete Oligarchie war, daß Rabbi Leo Baeck die Juden in Deutschland schon vor 1933 angeführt hatte, daß die Verwaltungsarbeit der Judenräte dem Apparat der Deutschen überall im deutsch-dominierten Europa eine Last abnahm, daß es so gut wie keinen jüdischen Widerstand und so gut wie keine Opfer auf deutscher Seite gab. Er bezeichnete die Mitwirkung der Juden an der eigenen Vernichtung als eine »sehr überraschende Enthüllung«, die – wie er ahnungsvoll schrieb – den Lesern »kaum gefallen« werde.

So war es auch. *Commentary* selbst brachte einen langen Gegenartikel von Professor Oscar Handlin von der Harvard University, einem Fachmann für Immigration, darunter die jüdische in die Vereinigten Staaten, mit größerem Satzspiegel als sonst bei Buchrezensionen üblich. Den Grundton des Essays mit dem Titel: »Jüdischer Widerstand gegen die Nazis« gab ein Einleitungssatz an, in dem er meine Darstellung als »pietätlose Verunglimpfung der Toten« beurteilte. Die Juden hätten Widerstand geleistet, fuhr er fort, da er jedoch nichts »übertreiben« wolle, müsse er allerdings darauf hinweisen, daß Kollaboration in Europa ein stark verbreitetes Phänomen war.

Schließlich befand er über »jenen schrecklichen Augenblick am Rande des Grabes«, daß sich die Opfer in dieser äußersten Not mit dem Gedanken an Gottes herrliche Schöpfung trösten konnten.

Nach dem Erscheinen von Handlins Vorwürfen und einer kleinen Flut zustimmender Leserbriefe glaubte ich noch, solche Argumente würden unter dem eigenen Gewicht zusammenbrechen, doch diese Einschätzung war falsch. Trotz ihrer Hinfälligkeit erwiesen sich die gegen mich erhobenen Einwände als langlebig. Ich hatte den Einfluß von Mythen unterschätzt, mich zu stark auf das nüchterne Urteil verlassen und Franz Neumanns Worte nicht ernst genug genommen: »Das ist zuviel.« Die Angriffe endeten nicht. 1993 brachte *Der Spiegel* einen Artikel voller Anfeindungen, wie ich sie im Lauf der Jahrzehnte abbekommen habe. Zur Wiederholung der alten Vorwürfe trat hier noch die Rüge, ich hätte meine Aussagen von 1961 über eine jüdische Beihilfe zur Vernichtung in späteren Schriften sogar zugespitzt und verstärkt. Demnach hatte ich einen dreißigjährigen Krieg gegen den jüdischen Widerstand geführt.

Der Autor des Artikels war Arno Lustiger. Er war kein Professor, sondern Überlebender von Auschwitz, der im Nachkriegsdeutschland Geschäftsmann wurde. Ich lernte ihn 1984 kennen, als er nach meinem ersten öffentlichen Vortrag auf deutschem Boden auf mich zukam und fragte, ob mir der Name Lustiger etwas sage. Gewiß, erwiderte ich, Kardinal Lustiger war der Erzbischof von Paris. Mein Vetter, sagte Arno, wobei er hinzufügte, daß er im Unterschied zu seinem Vetter nicht vom Judentum zum Christentum übergetreten sei. Zwar verbiß ich mir Glückwünsche an Arno Lustiger, konnte aber nicht umhin, mich zu fragen, was er eigentlich in Deutschland wollte? War seine Entscheidung, sich in diesem Lande niederzulassen nach allem, was er in Auschwitz durchgemacht hatte, nicht ein ebenso unglaublicher Schritt wie die Konversion seines Vetters in Frankreich? Waren sie nicht beide erfolgreich, sein Vetter als katholischer Kirchenfürst und er selbst als bedeutender Geschäftsmann in der deutschen Wirtschaft?

1993 gab es in Deutschland kaum noch 50000 Juden, und wenige von ihnen waren Professoren. Die von Lustiger geübte Kritik hätte kein Nichtjude in der Bundesrepublik Deutschland vorgebracht. Als eine innerjüdische Angelegenheit war sie von erheblichem Interesse für das deutsche Magazin, das sie als einmalige Chance abdruckte, eine wilde »Kontroverse« wie jene zu entfachen, die in den Vereinigten Staaten so lange getobt hatte.

Ich brauchte einige Zeit, um einzusehen, was ich eigentlich immer schon hätte wissen müssen: Nämlich daß ich mich mit meinem ganzen Ansatz, die Judenvernichtung zu untersuchen, gegen den Hauptstrom des jüdischen Denkens stemmte – daß ich niemals nachgab, in meiner Forschung und in meinen Schriften nicht bloß einen anderen Weg einschlug, sondern genau in die Gegenrichtung ging. Derweil wurde der jüdische Gedankengang verstärkt und vervollständigt. Er hat drei Elemente, und ich hatte mich gegen alle drei vergangen.

Das oberste Gebot lautet, daß sich alle Großprojekte des jüdischen Forschens und Erinnerns auf die Juden selbst beziehen müssen, *ihre* Lebensumstände und *ihre* Erfahrungen. So ist es der Eckstein nahezu all dieser Gebäude – seien es Enzyklopädien, Institute oder Museen –, die in den Vereinigten Staaten oder in Israel errichtet werden, sich nicht auf den Täter, sondern auf das Opfer zu konzentrieren. Das imposanteste dieser Projekte ist das United States Holocaust Memorial Museum in Washington, an dessen Planung ich in einer Nebenrolle beteiligt war. Der Bau ist das Werk eines Genies, des Architekten James Ingo Freed. Eindrucksvoll erinnern Türme und Atrium an die Wachtürme und den Appellplatz eines Konzentrationslagers. Während der Bauarbeiten äußerte ein Mitglied des Deutschen Bundestages mir gegenüber die persönliche Sorge, am Ende stünde *dieses* Gebäude im Herzen der amerikanischen Hauptstadt für sein Land. Doch zu guter Letzt erwies sich seine Befürchtung als übertrieben: Aufgrund der Baulücke zwischen anderen Gebäuden eingepfercht, in Höhe und Wahl der Baustoffe durch staatliche Auflagen beschränkt, zeigt das Mahnmal sein wahres Gesicht nur Betrachtern im Flugzeug oder Hubschrauber. Im Inneren des jüngst eröffneten Museums zog der Besucher zunächst eine Karte mit dem Photo eines Opfers. Beim Rundgang durch die Museumssäle blieb ihm der Mensch auf dem Bild ein ständiger Begleiter. Dieser stumme Gefährte wurde ihm unterwegs sogar noch vertrauter, wenn er die Karte in Automaten schob, die immer mehr Angaben über das Schicksal des Opfers aufdruckten. Unter den Exponaten sieht heute der Besucher Hunderte von Photographien einer ausgelöschten jüdischen Gemeinde, außerdem Karren und Geige von Zigeunern, ein dänisches Rettungsboot und viele andere Überbleibsel aus dem Leben der Opfer. Aber wo sind die Täter? Was sieht man eigentlich von ihnen?

Ich hatte angeregt, dem Museum einen deutschen Eisenbahnwaggon zu beschaffen, mit dem Juden in ihren Tod befördert worden waren, und die polnische Regierung stiftete tatsächlich einen auf polnischem Boden zurückgelassenen Güterwagen. So bekamen wir ein Großprodukt der deutschen Fertigung, aber die Aussteller mußten unbedingt mit einem strukturellen Eingriff für einen zweiten Blickwinkel sorgen: Eine Brücke führt zur Türöffnung des Wagens, damit Besucher in das dunkle Innere schauen und sich die eingesperrten Juden vorstellen können. Außerdem hatte ich empfohlen, die polnische Regierung um eine Dose Zyklon-B-Gas zu bitten, mit dem die Juden in Auschwitz und Majdanek getötet wurden. Ich wollte, daß eine *einzige* Dose in einem kleinen, sonst leeren Raum auf einem Podest stand – als *das* Symbol für Adolf Hitlers Deutschland, so wie einst die im Metropolitan Museum of Art isoliert ausgestellte Vase des Euphronios als Inbegriff der griechischen Antike erschien. Statt dessen wurden jede Menge Dosen, die uns die polnischen Behörden großzügigerweise überließen, mitten im Raum ausgelegt, so daß man darüber stolpert und dann erst nach unten blickt. Schließlich hatte ich vorgeschlagen, eine ganze Wand mit Porträtphotos von sechzehn oder zwanzig bekannten und unbekannten Tätern aus Staatsapparat, Militär, Industrie und Partei zu gestalten. Die »Hilberg-Wand«, wie die Planer sie scherzhaft nannten, dokumentiert jetzt nurmehr die Kriegsverbrecherprozesse der Alliierten. Zwar sind einige der Täter berücksichtigt, aber bloß in der Rolle als Angeklagte.

Das Verblassen des Täters ist kein Zufall – ein Herausgeber, der Berichte von Opfern sammelte, wählte für sein Buch den sprechenden Titel *Out of the Whirlwind* [»Aus dem Wirbelsturm«]. Diese Haltung folgt letzten Endes aus einer Mahnung im *Zweiten Buch Mose*: »Ich will das Andenken Amaleks ganz und gar austilgen unter dem Himmel.« Diese Tradition bestimmt auch den jüdischen Feiertag *Purim*, an dem das Buch Esther verlesen wird und Kinder mit Rasseln den Namen des Haman übertönen, der die Juden in Persien töten wollte. Bei einer Sitzung des United States Holocaust Memorial Council hielt der Direktor und orthodoxe Rabbi Seymour Siegel eine Rede über Adolf Eichmann, um zwischen zwei Kommata die rituellen Worte zu sprechen: »sein Name sei ausgelöscht.« Dabei mußte ich unwillkürlich an die zahllosen Stunden denken, die ich in Archiven und Bibliotheken verbracht hatte, um Vornamen von Bürokraten herauszusuchen, die ihre Memoranden gewöhnlich nur mit »Klemm«, »Krause« oder »Kühne« unterschrieben.

Wie ihre antiken Urahnen wissen die heutigen Juden von der Gefahr, den Tätern ein Gesicht zu geben, sie mit Persönlichkeit und Denken auszustatten, ihnen Anflüge von Zweifeln oder Reue zuzugestehen – sie menschlich zu machen. Erinnert euch nur daran, was sie taten. Und was habe *ich* getan? Ich betrat immer wieder verbotenes Gebiet, stellte Amalek in allen seinen Eigenarten als eine Ansammlung von deutschen Beamten dar.

Der herrschende Opferkult schlägt sich im Umgang mit den

jüdischen Quellen nieder. In deutschen Dokumenten haben die Opfer fast keine Individualität, sondern zerfallen ununterscheidbar in Kategorien – ausländische Juden, jüdische Arbeiter, jüdische Kinder – oder aber in Zahlen – 20105 Juden, 363211 Juden oder 1274000 Juden. Weil ich so viele dieser Materialien verwendet habe, wirft mir Lustiger vor, daß ich alle Opfer »ins gemeinsame Grab des Verschweigens und Vergessens« verbanne, die Toten »mit Tonnen von Akten der Mörder zudecke« und »Tausende von Fußnoten« meiner Bücher auf die Gräber schütte.

Ich will mich nicht dabei aufhalten, daß die Fürsprecher jüdischer Quellen relativ wenig Augenmerk auf die damalige Korrespondenz der Judenräte gerichtet haben. Diese Sammlungen, wie lückenhaft einige darunter auch sein mögen, bieten unschätzbare Zeugnisse dafür, mit welchen verzweifelten Anpassungsstrategien die jüdischen Gemeinden auf die erdrückenden deutschen Zwangsmaßnahmen reagierten. Dennoch interessieren sich meine Kritiker nicht in erster Linie für solche Berichte, sondern für Zeugnisse von Überlebenden. In Projekten der mündlichen Überlieferung (oral history) wurden große Anstrengungen unternommen, um möglichst viele Überlebende zu befragen. Dieser Ansatz hat jedoch eine klare interne Grenze. David Pablo Boder, der schon früh solche Berichte sammelte, wies im Titel seines Buches darauf hin, daß er keine Leichen befragt habe. Die Überlebenden bilden keinen zufälligen Querschnitt der ausgelöschten Gemeinden, besonders wenn man untersucht, mit welchen typischen Reaktionen sich Juden an den Vernichtungsprozeß anpaßten.

Bei ihrer Darstellung lassen Überlebende meist den Kontext ihrer Erlebnisse unberücksichtigt, etwa die besonderen örtlichen Umstände oder den Namen und Rang von Menschen, mit denen sie es zu tun hatten. Auch wenn sie von sich selber sprechen, machen sie nicht unbedingt Angaben über profane Dinge wie ihre Finanzlage oder den Gesundheitszustand. Oft werden Ghettoleben und frühe Arbeitslager kaum erwähnt. Sie bevorzugen ganz bestimmte Themen: Deportationen, Konzentrationslager, Vernichtungslager, Flucht, Untertauchen, Partisanenkämpfe. Verständlicherweise wollen die Überlebenden selten über jene Erlebnisse sprechen, die für sie selber besonders demütigend oder peinlich sind, und wenngleich der schiere Hunger, Durst und Schmerz oder die Furcht öfters beschrieben werden, stößt man gerade an solchen Stellen auf den geheimen oder offenen Vorbehalt: »Wer nicht mit dabei war, kann es sich nicht vorstellen.« Nur eine Tatsache kommt immer klar und umfassend zum Ausdruck – nämlich das Selbstbild der Überlebenden und die psychische Verfassung, deren es bedurfte, um überleben zu können.

Um die Lücken meines Puzzles zu füllen, habe ich zahllose Berichte von Überlebenden gelesen. Ich mußte mir ein Bild von der jüdischen Gemeinde machen, nach den Toten suchen. Doch meist wurde ich daran erinnert, daß sie mir nicht geben konnten, was ich am meisten von ihnen wollte, gleichgültig, wieviel sie sagten.

Der auf die Judenheit und jüdische Quellen verengte Blick geht mit einem dritten Gebot einher: Die jüdischen Opfer müssen als Helden erscheinen. Bei dieser Schönfärberei kämpften die Juden massenhaft und in vielerlei Formen im Widerstand. Arno Lustiger zum Beispiel vergröbert das Raster für »Widerstandskämpfer«, indem er jüdische Soldaten in den Alliierten Streitkräften einbezieht und sogar die Juden in den Internationalen Brigaden des Spanischen Bürgerkriegs, der vor Beginn des Zweite Weltkriegs endete. Häufiger jedoch wird der Widerstandsbegriff so umgedeutet, daß er etwa die Versorgung oder Pflege von Menschen in Ghettos umfaßt, selbst wenn die deutschen Oberherren dergleichen genehmigten, um den Ghettobetrieb bis zum Einsetzen der Deportationen aufrechtzuerhalten. Mehr noch: 1968 hielt Meir Dvorjetski von der Bar Ilan University bei einer Tagung von Yad Vashem ein Referat zum Thema »Alltäglicher Widerstand im Ghetto und Lager«. Darin führte er aus, daß viele aus Treue zu Verwandten und Bekannten »auf Fluchtchancen verzichteten« und »nicht bevorzugt sein wollten«, oder auch auf »Familiensinn und gemeinsames Sterben« hielten. Martin Gilbert beendet sein Buch *The Holocaust* von 1985 mit einem Absatz, in dem er schreibt: »Sogar Passivität war eine Form von Widerstand ... Auch in Würde zu sterben war eine Form von Widerstand ... Das schiere Überleben war ein Sieg des menschlichen Geistes.«

Das Kernstück einer würdigenden Historiographie blieben gleichwohl gezielte, bewaffnete Akte der Selbstverteidigung in der Arena der Vernichtung. Es sollte nicht überraschen, daß sie aufgebauscht und breitgetreten wurden. Das Bild des Widerstandskämpfers mit Gewehr im Anschlag wirkt tröstlich. Damit läßt sich der Katastrophe etwas Erhebendes abgewinnen. Widerstand leisten heißt, nicht gemeinsame Sache mit dem Täter zu machen, seine Befehle nicht zu befolgen und den Tod nicht demütig zu empfangen. In Israel spielte diese Überhöhung der Ghetto-Juden eine besonders wichtige Rolle. Bevor der Staat gegründet wurde, hatten sich die in Palästina lebenden Juden – die sich *Yishuv* nannten – nicht bloß geographisch von der europäischen Judenheit abgesetzt. Tom Segev erwähnt ein »verbreitetes Klischee, demzufolge der Exiljude schwach, weibisch und passiv war, dagegen der *Yishuv* stark, männlich, aktiv«. Der gebürtige palästinensische Jude, genannt *Sabra*, stellte ein Ideal dar und der Überlebende des Holocaust seine Kehrseite. Im Yishuv-Slang, so Segev, hießen alle Überlebenden »Seife«. Bei solchen Vorurteilen kann man verstehen, warum angestrebt wurde, das leuchtende, nicht weniger klischierte Gegenbild vom weitverbreiteten Ghetto-Heroismus zu zeichnen.

Unnütz zu sagen, daß ich mit dieser Jubelkampagne meine Probleme hatte. Wenn relativ vereinzelte, episodische Widerstandsakte als typisch dargestellt werden, dann verschwimmt ein Grundmerkmal der deutschen Maßnahmen. So stellt man sich die Judenvernichtung kaum noch in ihrer Entwicklung vor, sondern die krasse Wirklichkeit der gnadenlosen Tötung von Männern, Frauen und Kindern verwandelt sich in das eher vertraute geistige Bild eines – wie immer ungleichen – Kampfes zwischen Gegnern. Für das Selbstbild der Täter kam es sehr darauf an, sich die Juden als Feinde vorzustellen. So erfand eine deutsche Einsatzgruppe einen jüdischen »Widerstandsgeist«, um ihr kleines Massaker zu rechtfertigen, und nach dem schwersten Gefecht zwischen Deutschen und Juden, dem im Warschauer Ghetto, führte der SS-Kommandant Jürgen Stroop jeden einzelnen seiner 16 Toten und 85 Verwundeten namentlich auf. Als ich in Toronto, in einem Verfahren wegen Verbreitung von Texten des Inhalts, ein Holocaust habe nicht stattgefunden, als Sachverständiger auftrat, hallte Stroops Bericht in Fragen des Verteidigers nach. Die Deutschen, behauptete er, hätten den Aufstand im Warschauer Ghetto als die in der besetzten Stadt zuständige Behörde niedergeschlagen.

Die Verklärung des Widerstandes bereitet auch jenen Juden Sorgen, die sich als die wahren Kämpfer betrachten. Sofern alle Angehörigen der jüdischen Gemeinden Europas als heroisch zu gelten haben, schmälert sich die Leistung der wenigen, die wirklich etwas taten. Als der Judenheit akut die Vernichtung drohte, trennten die selbständigen jüdischen Splittergruppen rigoros zwischen sich und all den anderen, die nicht mitmachten. »Geht nicht wie Lämmer zur Schlachtbank«, warnten sie und meinten es wörtlich. Nach dem Krieg hielten einige von ihnen an der Sichtweise fest, die sie zur Zeit der Kämpfe ausgebildet hatten. Yisrael Gutman – der im Warschauer Ghetto, in Majdanek, Auschwitz und Mauthausen war – widmete mehr als die Hälfte der fünfhundert Seiten seines Buches *The Jews of Warsaw 1939–1943* der jüdischen Untergrundbewegung und dem Ablauf der Kämpfe. Bemerkenswert ist, daß seine Zahl aktiver jüdischer Kämpfer noch unter meiner ursprünglichen, teilweise auf Stroops Bericht gestützten Schätzung liegt. Er verzichtete völlig darauf zu errechnen, wie viele Opfer dieses Häufchen schlecht bewaffneter Kämpfer den Deutschen und ihren Kollaborateuren abverlangt hatte. Rachel Auerbach, die dem jüdischen Untergrundhistoriker Emmanuel Ringelblum zur Seite stand, gab sich alle Mühe, mir zu erklären, was die Öffentlichkeit nicht verstehe: Daß nämlich, wenn bei dem Ghetto-Aufstand auch nur hundert Deutsche getötet oder verwundet wurden, das Resultat eine großartige Leistung war.

Schließlich forderte, und dies ist vielleicht noch wichtiger, die Aneignung oder Überhöhung des Widerstandes in der Nachkriegszeit einen weiteren Preis. Sie verwischte die Realitäten des jüdischen Lebens in den Ghettos und Lagern. Zu den klügsten und scharfsichtigsten Beobachtern der Katastrophe gehört Bronia Klibanski, die dem jüdischen Widerstand im Raum Bialystok als Kurierin diente. 1968 äußerte sie in einem Gespräch mit mir Vorbehalte dagegen – und sie benutzte selbst das deutsche Wort –, die Untergrundkämpfer mit jenen *gleichzuschalten*, die niemals kämpften. In ihren Augen verwässerte diese Vermischung der beiden Gruppen nicht bloß die mannigfachen Probleme, in einer vorsichtigen, widerwilligen jüdischen Gemeinschaft eine Abwehr zu organisieren, sondern klammerte auch zahlreiche Fragen über diese Gemeinschaft, ihre Erwägungen sowie Überlebensstrategien aus. Die jüdische Geschichte kann aber nicht geschrieben werden, sagte sie, ohne daß man diese Fragen stellt.

In den dreißig Jahren zwischen den Artikeln von Oscar Handlin und Arno Lustiger ging eine Lawine von Verurteilungen auf mich nieder, doch kurz vor dieser Kampagne kam ein Artikel in einer jiddischen Tageszeitung, die – wie alle dieser Art – überwiegend von Älteren gelesen wurde und sich daher bereits im Niedergang befand. Obwohl die jiddische Presse meine Arbeit kaum erwähnt hatte, widmete der Journalist Aaron Zeitlin, dessen Vater jiddischer Schriftsteller in Warschau und 1942 umgekommen war, sechs Absätze seiner Kolumne in *Der Tog – Morgen Journal* vom 2. Februar 1962 Gedanken zu meinen Schlüssen. Zum Thema jüdisches Vertrauen und Geschichtsoptimismus schrieb er: Ja, dieser unser Optimismus sei immer ein Stab mit zwei Enden gewesen – schon des öfteren habe er uns gestützt, dann aber auch die schlimmsten Schläge versetzt.

Bedenklichkeiten

Als Theodor Adorno urteilte, nach Auschwitz weiter Gedichte zu schreiben, sei barbarisch, hatte ich ein Problem. Zwar bin ich kein Dichter, aber ich mache Fußnoten. Ist das weniger barbarisch? Am 2. Februar 1962 bemerkte Aaron Zeitlin, der selber auch reimte, in seinem Feuilleton »Von Freitag zu Freitag« resigniert, die jüdische Katastrophe werde in eine Katastrophologie umgemünzt, also in ein akademisches Forschungsthema, und diesem Vorgang stehe man machtlos gegenüber. Am Ende sei alles Geschehene dokumentiert und niedergeschrieben – mit der Zeit würde sogar das äußerste Grauen bloße Geschichte.

So versuche ich, weise zu nicken, wenn Dichter oder Schriftsteller mit ihrer Kunst vortreten, die ihrem Wesen nach viel weniger maskiert ist als meine. Ebenso stört es mich nicht, wenn solche Autoren die fußnotengesättigten Monographien von Historikern ausgraben, um ihre dramatischen Teile für ein größeres Lesepublikum ins Rampenlicht zu rücken. Der jüdische Historiker Heinrich Graetz unterschied zwischen *Geschichtsforschern* und *Geschichtsschreibern*. Er selbst wollte keine der Fähigkeiten missen und war beides.

Alles hat jedoch Grenzen. Die ich ziehe sind zwar nicht unbedingt gesetzlich verankert, schließen aber aus meiner Sicht unpassende oder unstatthafte Deutungen aus.

Unwohlsein bereitet mir etwa die Gepflogenheit, eine Geschichte zu erzählen und die historischen Fakten darin gezielt um der Handlung und Spannung willen abzuwandeln. Ich erinnere mich der viele Jahre zurückliegenden Zeit in Burlington, als es meine einzige Ablenkung war, ins Kino zu gehen. In einem Film trugen antike Mazedonier und Römer eine Seeschlacht aus. Ganz in das Spektakel versunken, hörte ich plötzlich, wenige Reihen hinter mir, das gepeinigte Aufstöhnen des Vorsitzenden unserer Klassikabteilung. Ich selbst verlor die Ruhe, als ich in einer Buchhandlung einen Roman mit glitzerndem Schutzumschlag fand, den ein großes goldenes Hakenkreuz auf rotem Grund zierte. Ich schlug den Band irgendwo auf und merkte, daß der Autor dieses internationalen Bestsellers ein mehr als ganzseitiges, von mir übersetztes deutsches Dokument aus einer Quellensammlung entnommen hatte, die 1971 erschienen war. Diesen echten Akteninhalt mischte er mit fiktiven Texten aus einem bürokratischen Schriftwechsel, den er erfand, nur um sein Amalgam aus Geschichte und Phantastik zu vervollständigen. Der Leser wurde indes nicht davon unterrichtet, daß mein Dokument echt war und er die anderen, scheinbar wörtlichen Zitate erfunden hatte.

Mir ist bewußt, daß der Fall des goldenen Hakenkreuzes keineswegs eine Ausnahme ist. Auch bei dem anspruchsvollen Film *Die Wannsee-Konferenz*, der die hochrangige amtliche Besprechung im Berlin der Kriegszeit über die Endlösung nachstellt, gingen die Urheber sehr freizügig mit den Tatsachen um. *The New York Times* bat mich, einen Artikel über die in diesem Film dargestellte Besprechung zu schreiben, weil der gewöhnliche Zuschauer eben erwarten mußte, daß alles, was man durch Dokumente und Zeugnisse über die Konferenz herausfinden konnte, auf der Leinwand getreu wiedergegeben wurde. Ich weiß zwar nicht, ob meine Bemerkungen die Erfolgsaussichten von *Die Wannsee-Konferenz* zunichte machten, aber bestimmt nahm ich die Filmautoren unter Beschuß, gab kein Jota nach. Mein Kollege Samuel Bogorad von der Abteilung Anglistik hielt meine Auffassung von Kunstwerken für zu streng. Was, fragte er, würde ich zu Shakespeare sagen?

Wenn unwahre Geschichten schon häufig genug sind, dann ist Kitsch geradezu eine Plage. Zu meinen wenigen Kunstbüchern gehören die von Gillo Dorfles herausgegebenen Essays über die Welt des schlechten Geschmacks. Der Band ist reich illustriert, und wenn ich manchmal spät abends diese Reproduktionen betrachte, schüttele ich mich vor Lachen. Doch halte ich solche Beispiele ästhetischen Ungeistes in meinem Bereich nicht für komisch. Darin wimmelt es von Philistern. Mich umgeben abgedroschene Phrasen, Platitüden und Klischees. Bildhauerisch wurden die jüdischen Widerstandskämpfer im Zentrum Warschaus durch eine gewaltige Heldenstatue stalinistischen Stils verewigt. In der Dichtung finde ich laufend »Gräber im Himmel«. In Reden muß ich von der Unmenschlichkeit von Menschen gegenüber Menschen hören. Bei meinen Büchern ließen Verleger ihre Phantasie auf Umschlägen, Deckeln und Titelseiten wuchern. Der allgegenwärtige Stacheldraht zierte eines meiner Paperbacks. Der Verlag der ersten deutschen Ausgabe von *The Destruction of the European Jews* fügte einen Untertitel hinzu: *Die Gesamtgeschichte des Holocaust*, passend zu dem übergroß formatierten Band mit seinen Doppelspalten. Als ich einem amerikanischen Verlag eine erweiterte Fassung dieses Textes schickte, war sie klar als »Zweite Auflage« gekennzeichnet; doch als ich die fertigen drei Bände erhielt, war »Überarbeitete Endfassung« daraus geworden. Der Herausgeber eines amerikanischen Magazins veröffentlichte ein Referat zum Thema »Die Rolle der Reichsbahn bei der Judenvernichtung«, das ich bei einem wissenschaftlichen Kongreß gehalten hatte, und ersetzte den Titel eigenmächtig durch »Deutsche Bahnen/Jüdische Seelen«. Mein erster deutscher Verlag für einen kleinen Band mit meiner Einführung und Bahndokumenten fügte ein Gedicht ein, das – wie er sagte – eine Stange Geldes gekostet habe. Es beschrieb Menschen in Güterwagen, darunter Kinder mit Augen wie glühende Kohlen. Etwas anders erging es der amerikanischen Ausgabe von Claude Lanzmanns *Shoah*, dem Textbuch zu seinem mehrsprachigen Film, auch mit meinen Ausführungen. Lanzmann hatte dieses Buch so angelegt, daß jeder Untertitel aus dem Film eine eigene Druckzeile bildete. Mit dieser Gestaltung erzielte er eine besondere Wirkung, weil der sprachliche Rhythmus erhalten blieb und die Bedeutung der Äußerungen sich herauskristallisierte. Der amerikanische Verleger meinte jedoch, das Lesepublikum sei nicht für derlei Poesie empfänglich. Die Zeilen gingen im Fließtext auf, so daß nicht mehr übrigblieb als eine unrhythmische, farblose Prosa.

Geschichtsklitterung wirkt entstellend, Kitsch entwertend – doch beide werden fast gewohnheitsmäßig betrieben. Hiervon weiß mancher Historiker ein Lied zu singen, so daß meine Erlebnisse gewiß keine Ausnahmen bilden. Ich kämpfte hingegen mit widrigen Umständen, die ganz gewiß unüblicher sind. Damit meine ich die Machwerke von drei Autorinnen, die hinreichend von der Muse geküßt waren, um sich für etwas Besonderes zu halten – die erste als Berichterstatterin, die zweite als Historikerin, die dritte als Geschichtsphilosophin. Und alle drei betrachteten gerade ihren Beitrag als einen Schlußstein, der das Werk anderer krönen sollte. Alle drei hielten ihr Werk für den großen Wurf, mit dem alle bedeutenden Lücken endlich geschlossen seien. Jede von ihnen komplizierte mein Leben auf ihre besondere Weise. Sie hießen Nora Levin, Lucy Dawidowicz und Hannah Arendt.

Nora Levin schrieb ein Buch *The Holocaust*, mit dem Untertitel *The Destruction of European Jewry 1933–1945*. Dieser 768 Seiten starke Band erschien 1968 beim 1834 gegründeten Verlag Thomas Y. Crowell Company. Auf dem Deckblatt dankt seine Autorin Robert L. Crowell, der sie »mit seinem kühnem, großmütigen Glauben an die Amateurin« angespornt habe, sich der Herausforderung dieses Buchprojektes zu stellen. In entwaffnender Art bekennt sie ihre »sehr beschränkten Fähigkeiten« und »sehr begrenzten Mittel«. Levin wurde 1916 in Philadelphia geboren, wo sie seitdem lebte. Mit einem Magister für Pädagogik und einem weiteren Abschluß in Bibliothekswissenschaften war sie Volksschullehrerin geworden und hatte dann an Realschulen Englisch und Geschichte unterrichtet, bevor sie ihrer Berufung als Autorin folgte. Als ihr Buch erschienen war, las ich die Rezension von Gerald Reitlinger in *The New York Times.* »Ich kämpfte«, klagte er, »mit Unmengen von Tatsachenbehauptungen, bis ich auf die erste Fußnote stieß. Später wurde mir klar«, fuhr er fort, »daß Fußnoten deshalb so knapp waren, weil ihnen jeweils längere Paraphrasen von anderen Autoren vorausgingen. Schließlich«, schreibt er, »erkannte ich meine eigenen Sätze wieder, dann ganze Absätze, nur leicht verändert. Keine Anführungszeichen, keine Danksagung.«

Wenn sie so bei Reitlinger abschrieb, dachte ich, was hat sie dann von mir übernommen? Die Antwort lautete: noch mehr. Die Parallelen waren derart durchgängig, daß ich es bald müde wurde, alle Stellen zu suchen, die direkt meinem Text folgten. Die Crowell Company zog das Buch ebensowenig zurück wie Schocken, wo *The Holocaust* später als Paperback erschien. Schocken besann sich auch dann keines Besseren, als ich Vertreter des Verlages, die mich in der einen oder anderen Frage ansprachen, an dieses noch offene Problem erinnerte.

Levin selbst mußte jedoch ständig für ihre literarischen Umtriebe büßen. Sie war machtlos gegenüber einem Netz von Gerüchten, worin Fakten manchmal mit Erfindungen verschmolzen. Am 29. Januar 1982 berichtete sie mir in einem Brief von dem »giftigen Märchen«, sie hätte sich außergerichtlich mit mir geeinigt. Sie fragte, ob auch ich von dem Gerücht gehört habe, und bat mich, diesem schriftlich zu widersprechen, damit sie Kopien meiner Erklärung an weltweit zehn bis fünfzehn Gelehrte schicken könne. Weil ich von diesem Märchen noch nie gehört hatte, begann ich einen Brief aufzusetzen, in dem ich bestätigte, sie nicht wegen der Verletzung von Urheberrechten verklagt und keinen Schadenersatz von ihr erhalten zu haben, aber dann verließ mich die Lust, an dem Entwurf weiterzuarbeiten.

Die 1915 geborene Lucy Dawidowicz hatte 1936 die Hochschule absolviert und 1961 den Magistergrad erworben. Fast ihr Leben lang war sie für jüdische Institutionen tätig und bekam so manches Stipendium von jüdischen Stiftungen. Alle ihre Bücher kreisten um jüdische Themen. Sie war New Yorkerin, fest mit ihrer Geburtsstadt verbunden, und als sie von 1978 bis 1979 der Holocaust-Kommission des Präsidenten angehörte, unterschrieb sie als einziges Mitglied den Abschlußbericht nicht mit, weil eine Gedenkstätte für die jüdische Katastrophe von Rechts wegen niemals nach Washington, sondern nach New York City gehörte. Kurz vor dem Krieg hatte sie das damals zu Polen gehörende Wilna besucht, wo sich das jüdische YIVO-Institut der jüdischen Geschichte in Osteuropa und der Pflege des Jiddisch widmete. Als das Institut in New York neu gegründet wurde, konnte sie nicht nur seine Einrichtungen nutzen, sondern auch das Wissen des Personals. 1975 erschien ihr 460 Seiten starkes, zweiteiliges Buch mit dem Titel *The War Against the Jews* (*Der Krieg gegen die Juden*), dessen erster Block von den Deutschen, der zweite von den Juden handelt. Gleich nach dem Erscheinen wurde es mit Lob überhäuft: als »hervorragend«, »entscheidend« und »maßgebend«.

Ich ging mit meinen bei Fachliteratur üblichen Fragen an das Buch heran. Brachte es neue Fakten, die ich hätte kennen müssen? Bot es Einsichten, die mir entgangen waren? Im ersten Kapitel befaßte sie sich ausführlich mit Hitlers *Mein Kampf*. Gleich auf der ersten Seite deutete eine rhetorische Frage an, daß Hitler den Plan für die Endlösung, also der physischen Vernichtung der Juden, schon in den zwanziger Jahren gefaßt hatte. Wirklich? Die nächsten Kapitel beruhten weitgehend auf Sekundärliteratur, enthielten also nichts Neues, sprangen von Thema zu Thema, so als drängten sie auf den Schluß des Ersten Teils. Der wurde auf Seite 140 [der deutschen Ausgabe] mit folgender Frage erreicht: Beschloß Hitler die Vernichtung der Juden schon im November 1918? »Es ist eine riskante Aufgabe«, lesen wir sodann, »eine Chronologie der Entwicklung dieser Idee in Hitlers Gedanken aufzubauen.« Die spärlichen Indizien, heißt es weiter, würden vor Gericht zweifellos nicht ausreichen. Lucy Dawidowicz hütete sich – da bin ich sicher –,

Gerichtssäle zu betreten. Die Zeugenauftritte in Kriegsverbrecherprozessen mit Kreuzverhören überließ sie lieber Leuten wie mir.

Der zweite Teil von *The War Against the Jews* enthielt ein Kapitel über die Juden Deutschlands und mehrere über jene Osteuropas, vor allem Polens. Darin wurden die Judenräte in den Ghettos unter dem Titel »die offizielle Gemeinde« als völlig machtlose Gebilde rasch abgefertigt. Mehr Platz erhielten Institutionen, die nicht direkt den Räten unterstanden, darunter Wohlfahrtsverbände, Hausräte und das Rabbinat, als »die Alternativgemeinde« zusammengefaßt, und die Widerstandsbewegung oder »Gegengemeinde«. Den übrigen europäischen Juden wurde kein eigenes Kapitel gewidmet, sondern ihrer nahm sich ein Anhang mit kurzen, almanachartigen Einträgen an.

Ich versuchte, mich über Dawidowiczs Erfolg nicht zu wundern. Ab und zu lugte in diesem Buch ein kaum verborgener Lohn für wehmütige jüdische Leser durch. Eigentlich war nichts zu machen, schien sie zu sagen, weder seitens der jüdischen Führung noch von irgendwem sonst. In der Tat lobt sie vor allem die Suppenverteiler und all jene anderen in den Ghettos, die dem Hunger und der Verzweiflung so lange wie möglich trotzten. Am Ende, stellt sie fest, wurden alle von der Flutwelle mitgerissen, darunter auch jene jungen Männer und Frauen, die – von »der mittelalterlichen Tugend christlicher Tapferkeit« angespornt – bewaffneten Widerstand leisteten. Vielleicht mußte ja ein solches Buch kommen, das mit seinen trüben Tröstungen alle jene ansprach, die nicht tiefer blicken wollten.

Ein freier Markt hat Platz für jede Idee, jedes Produkt. Doch Lucy Dawidowicz war mit ihren Ehrungen nicht ganz zufrieden. Sie wollte ganz oben stehen. Nachdem sie gesprochen hatte, waren alle anderen Bemühungen überflüssig. Sie mußte das letzte Wort haben. So wurde sie Kritikerin – prüfte Beiträge von Forschern und gab Urteile ab, die sie zum Teil über ihre Fußnoten verstreute. 1982 veröffentlichte die Harvard University Press einen Band nur mit ihren Ansichten, *The Holocaust and the Historians.* Henry Friedlander, der das Ghetto von Lodz und Auschwitz überlebt hatte – wahrscheinlich der weltweit beste Kenner der Historiographie zum Holocaust –, besprach das Werk in *The American Historical Review.* Er führte auf, welche Autoren von Monographien sie vergessen oder übergangen hatte. Seine Liste umfaßte Leon Poliakov, Gerhard Reitlinger und mich ebenso wie H. G. Adler, Uwe Adam, Christopher Browning, Gavin Langmuir, Telford Taylor, Henry Feingold, Saul Friedlander, Meir Michaelis, Randolph Braham, Bernard Wasserstein, David Wyman, Leni Yahil, Elie A. Cohen, Josef Wulf, Helmut Eschwege, Hans Buchheim, Heinz Höhne, Adalbert Rückerl, Jozef Marszalek, Allan Bullock, A. J. P. Taylor, Hugh Trevor-Roper und Franz Neumann.

Ihr Buch über die Historiker birgt noch weitere Probleme. An einer Stelle kritisiert sie, wie ein englischer Autor irgendein Dokument interpretiert, und behauptet, am 30. November 1941 sei ein Zug mit jüdischen Deportierten von Berlin nach Prag gegangen. Das ist kein harmloser Fehler, resultiert also nicht bloß aus Achtlosigkeit, Schlamperei oder fehlendem Gespür für Tücken. Vielmehr ist das ein Ausdruck von Unkenntnis, den sich jedenfalls *kein* auf die jüdische Katastrophe spezialisierter Historiker erlauben würde. Er ist fast so, als behauptete man, daß die Japaner am 7. Dezember 1941 nicht Pearl Harbor, sondern den Panama-Kanal angegriffen hätten.

Gewiß wird sie von Historikern nicht übermäßig ernst genommen. Ich erinnere mich nicht, sie je bei einer Fachtagung als Teilnehmerin gesehen zu haben. Dennoch war sie angesehen genug, um Bücher nicht nur herauszubringen, sondern auch zu besprechen. In Amerika gab es offenbar, sogar für erfahrene Verleger, noch keine sicheren Maßstäbe, um ihr Werk von den Beiträgen so vieler anderer Autoren zu unterscheiden, auf die sie hinabsah – ein beunruhigender Gedanke.

Hannah Arendt, sagt mein Agent Theron Raines, ist eine Ikone. Über sie wurden ganze Bücher geschrieben, und ihr Konterfei ziert eine Sondermarke der Deutschen Bundespost. 1906 in Königsberg geboren, studierte sie Philosophie. Ihr Mentor war der urdeutsche Philosoph Karl Jaspers. Zweimal mußte sie fliehen, 1933 aus Berlin und 1941 dann aus Frankreich. In den Vereinigten Staaten verstand sie sich zunehmend als politische Theoretikerin – zwei ihrer Spezialitäten waren Totalitarismus und Revolution, beides seinerzeit gängige Begriffe. Besonders Totalitarismus war in den Vereinigten Staaten ein beliebtes Schlagwort, da die Amerikaner Nazideutschland, das sie soeben mitbesiegt hatten, und die Sowjetunion als neuen Feind auf einen gemeinsamen Nenner bringen wollten. Selbstverständlich sah ich mir Hannah Arendts Abhandlung über Elemente und Ursprünge des Totalitarismus an. Als ich jedoch bemerkte, daß sie lediglich aus kaum originellen Essays über Antisemitismus, Imperialismus und allgemeine, mit dem Totalitarismus verknüpfte Themen wie etwa »Massen«, Propaganda, »totale Herrschaft« bestand, legte ich das Buch weg. Weder lernte ich sie kennen, noch schrieben wir einander, und ich hörte sie bloß zweimal in öffentlichen Vorträgen – wovon mir nur ihre entschiedene und eindringliche Art zu sprechen in Erinnerung blieb.

1961 berichtete Hannah Arendt für das Magazin *The New Yorker* über den Eichmann-Prozeß. Nach dem später veröffentlichten Briefwechsel mit Karl Jaspers zu urteilen, verließ sie Jerusalem nach einem Aufenthalt von bloß zehn Wochen, genau drei Tage *vor* dem Beginn von Eichmanns eigener ausführlicher Stellungnahme.

In der zweiten Folge ihres Berichts vom 16. Februar 1963 stieß ich auf eine schmeichelhafte Äußerung über mich. Arendt schilderte die großen Mühen der Anklage, das Gestrüpp der deutschen Institutionen zu entwirren, wozu sie schrieb: »Hätte der Prozeß ein Jahr später stattgefunden, so wäre diese Aufgabe wesentlich erleichtert gewesen, denn Raul Hilberg ist es in seinem Buch *The Destruction of the European Jews* gelungen, die erste klare Beschreibung dieser unglaublich komplizierten Zerstörungsmaschinerie vorzulegen.« Ich konnte nicht umhin mir auszumalen, was sie dazu gesagt hätte, daß die Experten bei Yad Vashem, von denen die Anklage Beweismaterial erhielt, meine Darstellung dieser Maschinerie ja bereits seit 1958 kannten, die Israelis mich aber trotzdem nicht einmal baten, bei der Vorbereitung des Prozesses mitzuwirken.

Die fünf Folgen im *New Yorker* waren mit Fakten durchsetzt, doch als der Bericht Ende des Jahres bei Viking Press in Buchform erschien, suchte ich vergebens nach Fußnoten. Auf zwei Schlußseiten erklärte Arendt, ihre Hauptquellen seien die Abschriften der Zeugenaussagen und einige andere vor Ort verteilte Presseinformationen gewesen. Kopien der als Beweismittel eingeführten deutschen Originaldokumente zählten offenbar nicht zu diesen Unterlagen. 1964 erschien eine überarbeitete und erweiterte Fassung, erneut bei Viking. In einer Nachschrift merkte Arendt an, das Prozeßmaterial sei nicht vollständig veröffentlicht und schwer zugänglich. Dann schrieb sie: »Ich habe durchgängig *Die Endlösung* von Reitlinger herangezogen, vor allem aber mich auf das Werk von Raul Hilberg *The Destruction of European Jews*, die ausführlichste und auch fundierteste quellenmäßige Darstellung der Judenpolitik des Dritten Reichs, verlassen.«

Daß sie sich auf mein Buch verließ, hatten bereits vor Erscheinen der zweiten Auflage mehrere Rezensenten bemerkt, was beim Umfang der Anleihen auch nicht schwerfiel. Mehrere Kommentatoren gingen jedoch über das Faktische hinaus und schrieben ihr außerdem meine Ansichten zu. Bei dieser Verkettung, die sich Jahrzehnte am Leben hielt, übersahen sie leider zwei bedeutsame Unterschiede zwischen uns.

Der Untertitel von Hannah Arendts *Eichmann in Jerusalem* lautet *Ein Bericht von der Banalität des Bösen* und besitzt die seltene Kraft, stärker im Gedächtnis haftenzubleiben als der Haupttitel. Gewiß entspricht er Hannah Arendts These über Adolf Eichmann, also auch viele andere Eichmanns, aber trifft er denn zu? Arendt sah in dem SS-Obersturmbannführer Adolf Eichmann, der die Gestapo-Abteilung für Judenangelegenheiten leitete, einen »deklassierten« Mann, der in einem »Abgrund von Langeweile« lebte, bevor er dann in der SS-Hierarchie aufstieg, und der viele charakterliche »Fehler« aufwies. Sie geißelte »Wichtigtuerei«, ließ sich über »Prahlerei« aus und sprach von Eichmanns »abgründiger Dummheit« in der Stunde, als er gehängt wurde und – nach dem Genuß einer halben Flasche Rotwein – seine letzten Worte sagte. Jedenfalls erkannte sie nicht, wieviel Gewaltiges dieser Mann mit so wenig Personal vollbracht hatte, indem er die Judenräte in weiten Teilen Europas überwachte und gängelte, zurückbleibendes jüdisches Eigentum in Deutschland, Österreich und Böhmen-Mähren beschlagnahmte, antijüdische Gesetze in den Satellitenstaaten vorbereitete und den Transport der Juden an Erschießungsstätten und in Vernichtungslager organisierte. Sie überblickte nicht, welche Pfade Eichmann im Dickicht des deutschen Verwaltungsapparates für seine beispiellosen Maßnahmen aufgespürt hatte, begriff nicht das Ausmaß seiner Tat. Dieses »Böse« hatte nichts »Banales«.

Auch die Rolle der jüdischen Führung bei dem, was Arendt einfach die Vernichtung ihres eigenen Volkes nannte, beurteilten wir sehr unterschiedlich. Diese Dinge seien zwar »nicht unbekannt gewesen«, erklärte sie, aber erst vor kurzem habe mein »grundlegendes Buch« die »kläglichen und unsauberen Einzelheiten« aufgedeckt. Und wäre, behauptete Arendt in einem immer wieder zitierten Satz, das jüdische Volk tatsächlich unorganisiert und führerlos gewesen, so hätte die Endlösung ein furchtbares Chaos und ein unerhörtes Elend bedeutet, aber die Gesamtzahl der Opfer hätte schwerlich die Zahl von viereinhalb bis sechs Millionen Menschen erreicht.

Ich hatte zwar betont, wie stark sich der deutsche Apparat auf die Mitarbeit der Judenräte verließ, deren Beschwichtigungspolitik in einem Desaster endete. Doch für mich lag das Problem tiefer, denn die Räte waren nicht nur Werkzeug der Deutschen, sondern auch ein Instrument der jüdischen Gemeinde. Mit ihrer Strategie setzten sie jene Anpassung oder

Angleichung fort, die Juden seit Jahrhunderten praktizierten. Ich konnte die jüdische Führung nicht vom jüdischen Volk trennen, da ich meinte, daß diese Männer im wesentlichen eine altbewährte jüdische Reaktion auf Gefahren zeigten.

In Israel selbst hatte man die Judenräte nie von den Ghetto-Juden im allgemeinen abgespalten. In der Frühzeit des jüdischen Staates galten die Opfer stets als vertrauensselige und schwache Menschen. Noch 1957, knapp ein Jahr bevor Dr. Melkman mein Manuskript wegen der Darstellung dieses Aspektes ablehnte, brachten die *Yad Vashem Studies* einen Artikel des Direktors von Yad Vashem, Benzion Dinur, der schlicht meinte, man könne die Räte nicht isoliert betrachten, weil sie »im wesentlichen bezeugten, wie sehr die Juden noch unter dem Nazi-Regime auf Deutschland vertrauten«. Die Juden, schrieb er, »befolgten Anordnungen«, obwohl sie sich mit geringem persönlichen Risiko hätten entziehen können. In den Niederlanden seien sie »mit Koffern zu den Zügen gerannt«, die nach Osten fuhren, und »sogar in Warschau und Wilna, Bialystok und Lwow fanden Äußerungen über Todesfahrten lange Zeit keinen Glauben«.

Als der Eichmann-Prozeß begann, war Dinurs Gedankengang in Israel noch nicht ganz vergessen; besonders die israelische Jugend neigte zu seiner Auffassung. Daher wurde dieses Problem aufgegriffen, als jüdische Überlebende als Zeugen im Verfahren öffentlich über ihre Erfahrungen berichteten. Hier standen die Opfer wie Angeklagte vor Gericht. Falls sie ihr Verhalten der jungen Generation nicht erklären konnten, so bestätigte sich das uralte Bild, würden sie als willenlose Jasager beurteilt. Zum Entsetzen Hannah Arendts fragten die Anklagevertreter mehrere Überlebende, *warum* sie Weisungen befolgt hatten, so etwa der Justizminister: »Dr. Buzminsky, Sie wußten doch, daß dies ein Todeszug war, oder? Warum sind Sie in diese Waggons eingestiegen?« Faktisch war der Zeuge vom Zug abgesprungen, aber die Frage blieb, und jetzt wurde von Jerusalem bis New York systematisch repariert. Die Juden, so hallte es eintönig, waren *doch* heroisch, hatten *doch* Widerstand geleistet, Führende wie Geführte. Daher war es kaum überraschend, daß nach Erscheinen von Hannah Arendts Artikeln im *New Yorker* der Zorn des »jüdischen Establishment« – wie sie es nannte – auf sie und zugleich auch auf mich niederging.

Im März 1963 meldete sich der »Rat der Juden aus Deutschland«, ein internationaler Emigrantenverband, in einer Presseverlautbarung zu Wort. Er beklagte »neue Ansichten« über die Nazizeit und erklärte alle davon beeinflußten Geschichtsbilder für falsch. »Das gilt im besonderen von dem 1961 erschienenen Buch von Raoul Hilberg *The Destruction of the European Jews* und von den Aufsätzen, die Hannah Arendt im *New Yorker* veröffentlicht hat.«

Hannah Arendt und ich wurden so oft gepaart, daß ich sogar als ihr Double hätte auftreten können. Am 18. Oktober 1963 leitete der New Yorker Literaturkritiker Irving Howe ein Symposion über »Eichmann und die jüdische Tragödie«. Dann beschrieb er diese Veranstaltung zweimal, zuerst im *Partisan Review* desselben Jahres und achtzehn Jahre später erneut, jedoch umfassender, in seiner Autobiographie. Im *Partisan Review* liest man, er und seine Mitveranstalter hätten »Hannah Arendt persönlich« ersucht, zu sprechen. »Sie lehnte ab«, ebenso Bruno Bettelheim, der daraufhin als ein Mann mit ähnlichen Ansichten wie Arendt eingeladen wurde. »Zuletzt fragten wir Raul Hilberg, den Autor eines wissenschaftlichen Werkes, auf das sich Hannah Arendt stützte.« Die Sitzung, schrieb er, war »erregt und leidenschaftlich«, aber »zu keinem Zeitpunkt, ich wiederhole: zu keinem Zeitpunkt, wurde irgend jemand niedergebrüllt«. In seiner Autobiographie bezeichnete er die Versammlung als »hektisch« und »manchmal empörend«, aber auch »spannend und feurig«.

Ich sah es etwas anders. Bei der schriftlichen Einladung wurde mir mitgeteilt, daß ich dreißig Minuten Redezeit hätte. Ich wußte, daß ich mit einem solchen Zeitrahmen kaum auskommen würde, wollte mein Thema aber nicht einengen. Ich plante also nach wie vor, mich mit Eichmann *und* den Juden zu befassen, eine fast nicht zu schaffende Verbindung.

Die Hotelhalle war mit Hunderten von Menschen gefüllt, unter ihnen der Dichter Robert Lowell. Als ich ihn fragte, weshalb er an einer solchen Versammlung teilnahm, antwortete er: »Ich bin immer da, wo etwas los ist.« Es würde also ein Spektakel geben. Auf dem Podium unterrichtete mich Irving Howe, daß ich nur zwanzig Minuten hätte. Doch ich war weder stur genug, auf der versprochenen halben Stunde zu bestehen, noch erfahren genug, meine vorbereiteten Überlegungen sofort über Bord zu werfen, das Publikum vor mir einzuschätzen und es direkt anzusprechen. Ich hatte Auszüge vom Eichmann-Prozeß dabei und las Teile der Aussage einer Zeugin vor, die mit Familie aus ihrem einfachen Dorf in Wolhynien an ein Massengrab getrieben wurde, wo ihre kleine Tochter sie fragte, warum sie nicht flöhen. Ein ungeduldiger Wachmann hatte gefragt, wen er zuerst erschießen solle, und das Kind erschossen. Die nur verwundete Mutter konnte sich freigraben. *Diese* Szene veranschaulicht, so wollte ich sagen, was dabei herauskommt, wenn Weisungen befolgt werden. *Hier* sah man das Ergebnis einer jahrhundertealten jüdischen Politik. Ich war nicht freundlich, gab nicht nach und übersah, daß ich unverheilte Wunden aufriß. Man ließ mich auch nicht ausreden. Einer der Teilnehmer hämmerte mit der Faust auf den Tisch. Auf seine über Lautsprecher verstärkten Schläge folgten wütende Buhrufe. Irving Howe bat das Publikum, Fragen zu stellen *und* Meinungen zu äußern, worauf sich ein Zuhörer nach dem anderen erhob. Man warf mir Sadismus vor, verlas ein vorbereitetes Schriftstück, in dem meine Zahlenangaben zu den in der Schlacht ums Warschauer Ghetto gefallenen Deutschen angezweifelt wurden, und so weiter und so fort.

In späteren Jahren hielt ich Hunderte von öffentlichen Vorträgen. Einige Male wurde ich mit stehenden Ovationen geehrt, aber gerade den Abend in diesem New Yorker Hotel kann ich nicht vergessen.

Als Hannah Arendt das Nachwort zur zweiten Auflage ihres Eichmann-Buches schrieb, war sie verbittert. Hatte sie etwa behauptet, »daß die Juden sich selbst umbrachten«? Der »bekannte« Begriff »Ghetto-Mentalität«, den sie den Israelis zuschrieb, stammte ursprünglich nicht von ihr, sondern von Bruno Bettelheim. Und weiterhin schrieb sie: »Bis schließlich jemand, dem das offenbar zu langweilig wurde, auf den genialen Einfall kam, Freudsche Theorien anzuwenden und den Juden einen natürlich unbewußten ›Todeswunsch‹ anzudichten.« Genau damit schürte ich nach ihrer Meinung das Feuer. Als ich die Zeilen erstmals las, konnte ich mir nicht erklären, wer der »jemand« war – denn ich kannte einfach niemand, der im Zusammenhang mit dem jüdischen Schicksal von einem Todeswunsch sprach oder schrieb. Mehr als zwanzig Jahre vergingen, bis ich ihren Briefwechsel mit Karl Jaspers las. Am 24. März 1964 hatte er sie gefragt, ob ich öffentlich für sie Stellung genommen habe. Sie antwortete am 20. April:

> Ich weiß nichts davon, daß Hilberg für mich Stellung genommen hat. Er ist ziemlich dumm und verrückt. Er faselt jetzt vom »Todeswunsch« der Juden. Sein Buch ist wirklich ausgezeichnet, aber nur weil er eben einfach berichtet. Ein allgemeineres, einführendes geschichtliches Kapitel ist unter der gesengten [sic] Sau. Pardon – ich habe einen Moment vergessen, wem ich schreibe. Und nun laß ich es doch stehen.

Der Briefwechsel erschien 1985 beim Münchner Piper Verlag. In der amerikanischen Übersetzung, die 1992 herauskam, fehlt der Satz mit den Wörtern »dumm« und »verrückt«. Neugierig erkundigte ich mich nach dem Grund für die Auslassung und erfuhr, daß sie auf Anraten eines Anwalts erfolgt war.

In den sechziger Jahren hatte sich der Piper Verlag offenbar viel mehr Sorgen um Verleumdung gemacht als 1985, denn eine deutsche Fassung des *Eichmann in Jerusalem* bereitete damals, aus Furcht vor einer Prozeßlawine, erhebliches Kopfzerbrechen. Mangels Fußnoten entbehrten die zahllosen Behauptungen über viele, meistens in Deutschland lebende Personen jeglichen Rückhalts. Als Hannah Arendt am 22. Januar

1963 in einem vierseitigen Brief mit Antworten auf Klaus Pipers gezielte Fragen kämpfte, schrieb sie an einer Stelle:

> Ich habe hier wie auch sonst Material benutzt, das in dem 1961 erschienenen Buch von Raul Hilberg vorliegt. Dies ist ein Standard Werk, das alle früheren Untersuchungen wie Reitlinger, Poljakoff etc. veraltet erscheinen läßt. Der Autor hat 15 Jahre nur mit Quellen gearbeitet, und wenn er nicht ein sehr törichtes erstes Kapitel dazu geschrieben hätte, in dem er zeigt, daß er von deutscher Geschichte nicht sehr viel versteht, wäre das Buch sozusagen perfekt. Niemand wird jedenfalls über diese Sachen schreiben können, ohne es zu benutzen.

Ich fand den Brief unter ihren Akten in der Manuskriptabteilung der Library of Congress. Per Zufall entdeckte ich in derselben Sammlung auch einen Brief, den sie kaum vier Jahre davor an Gordon Hubel von der Princeton University Press geschrieben hatte. Ihm entnahm ich, daß der Verlag ausgerechnet *sie* beauftragt hatte, mein Manuskript zu bewerten. Zum Dank fügte Hubel einen Scheck bei. Als Hubel mir damals schrieb und meine Arbeit ablehnte, erklärte er – natürlich ohne Arendt zu erwähnen –, Reitlinger, Poliakov und Adler hätten das Thema praktisch erschöpfend abgehandelt.

Mir wird immer ein Rätsel bleiben, was ihr Urteil über mein erstes Kapitel auslöste. Erzürnte sie vielleicht meine Mutmaßung, daß die Wurzeln der antijüdischen Maßnahmen von 1933 bis 1941 im Kanon der katholischen Kirche stecken könnten, oder daß die Schriften Martin Luthers das nationalsozialistische Judenbild inhaltlich weitgehend vorwegnahmen? Oder ging es um Selbstachtung? Sie war die Denkerin, ich hatte als Arbeiter nur einen schlichten Bericht gefertigt, der dann allerdings unverzichtbar wurde, sobald sie ihn geadelt hatte: Das erschien ihr als die natürliche Weltordnung.

Was tun?

Die zweite Auflage

Wenn ich 1948 einen Kurs eingeschlagen hatte, ohne zu wissen, was nun auf mich zukommen würde, so gab es 1961 keinen Kurs. Steuerlos treibend wartete ich ab. 1963 bot sich eine Gelegenheit, meine Forschung zu erweitern. Der neue literarische Agent meines Verlages in Chicago, Quadrangle Books, bot mein Buch auf dem europäischen Markt an. Die Droemersche Verlagsanstalt Th. Knaur Nachfolger in München kaufte die deutschen Rechte und vergab einen Übersetzungsauftrag. In der Bibliothek der University of Vermont gab es eine englischsprachige Fassung der Transkription des Eichmann-Prozesses, und ich konnte nicht umhin, die sechstausend vervielfältigten Seiten zu lesen. Außerdem kaufte ich Mikrofilme von denjenigen Prozeßunterlagen, die ich bis dahin noch nicht hatte einsehen können. Diese kleine Ausweitung und einige andere Aspekte wob ich in das vorliegende Buch ein. Hierfür brauchte ich anderthalb Sommer plus alle Freizeit dazwischen, und 1964 schickte ich die Einschübe nach München.

Als das Päckchen aufgegeben war, flog ich nach Europa. Zwar wollte ich Deutschland eigentlich meiden, machte aber am 24. August 1964 einen Tag Zwischenstation in München, um mit irgendwem vom Verlag zu sprechen und vor allem mögliche Probleme mit dem Übersetzer zu klären.

Im Hotel erwartete mich schon ein Vertreter von Droemer/Knaur, der indes nicht mein zuständiger Lektor war, sondern vorgab, weder den Stand der Übersetzung noch den konkreten Zeitplan zu kennen. Statt in den Verlag, lud er mich in ein Café ein. Von unserem zwanglosen Geplauder blieb mir nur seine wie beiläufig eingestreute Bemerkung erinnerlich, daß er ein »Mischling« sei. Danach reiste ich sofort ab.

Erst im Juni 1965 kam eine Nachricht von meinem zuständigen Lektor bei Droemer/Knaur, Fritz Bolle. »Wenn Sie so lange nichts von uns gehört haben, so liegt das daran, daß wir uns immer wieder mit den Schwierigkeiten einer deutschen Ausgabe Ihres Werkes beschäftigt haben.« Die Probleme lägen nicht im Dokumentarischen, sondern in der These zur – in Anführungszeichen – jüdischen »Kollaboration«. Nach langen Überlegungen und gründlichen Diskussionen habe man im Verlag beschlossen, daß eine deutsche Ausgabe »recht gefährliche Folgen haben könnte«, dann nämlich, wenn Böswillige solche Fragen stellten wie: »Warum haben die Juden kollaboriert? und Warum haben sie denn keinen Widerstand geleistet?«, woraus dann antisemitische Schlüsse gezogen werden könnten. »Daß es diese Böswilligen gibt, wissen Sie«, schrieb er. »Daß sie sehr gefährlich werden können, wissen wir.« Blätter der Neonazis wie *Die Deutsche Nationalzeitung* könnten großes Unheil anrichten und die öffentliche Meinung völlig vergiften.

Ich konnte Fritz Bolles Argumente nicht sonderlich ernst nehmen. Aus Zeitungsberichten wußte ich, daß in Deutschland Hunderte von Nazi-Prozessen vorbereitet wurden und daß sich dagegen Widerstand regte. Ein Staatsanwalt hatte 1962 und erneut 1964 schriftlich bei mir angefragt, wann mein Buch in deutscher Übersetzung erscheine – seine Kollegen hätten ihn mehrfach darauf angesprochen. Ich konnte mir ausmalen, daß meine Studie in den Händen von Staatsanwälten zu einer Waffe würde, und daß ein Verlag, der sie in deutscher Sprache verbreitete, den Zorn aller Sympathisanten der Angeklagten erregen mußte. Damals fiel mir sonst kein zwingender Grund ein, warum der Verlag Droemer/Knaur, der ja bereits einen Vorschuß an Quadrangle Books gezahlt hatte, zu der schwerwiegenden Maßnahme griff, einen Vertrag zu brechen.

Gewiß hätten all jene Deutschen, die ihrer einzigartigen Endlösung nachtrauerten, mein Buch mit Wehmut gelesen – wahrscheinlich sogar ihre Namen im Index gesucht und genickt. Auch mochten solche Leser nur Verachtung für die Juden empfinden, die sich und ihre Familien preisgaben. Doch sicher hätten sie ihre Gefühle niemals öffentlich kundgetan. Auch wenn *Die Deutsche Nationalzeitung* stark verbreitet war – sie hing offen an Kiosken aus –, lag es dem Blatt gewiß fern zu behaupten, die Juden hätten der ehrenwerten deutschen Armee, der SS oder Polizei keinen Widerstand geleistet. Eher brandmarkte es mich, wie am 3. März 1967, als einen »zionistischen Standardautor« und stellte die Vernichtung der Juden als »die Sechs-Millionen-Lüge« dar.

Die »Böswilligen« traten nicht erst 1964 oder 1965 plötzlich auf den Plan; vielmehr waren sie 1963, als Droemer/Knaur den Vertrag schloß, schon mindestens ebenso zahlreich wie zwei Jahre später. Doch dazwischen lag etwas, worauf ich kaum geachtet hatte: Die deutsche Ausgabe von Hannah Arendts *Eichmann in Jerusalem* war erschienen. Am 7. August 1964, kurz vor meinem Abstecher nach München und der Auslieferung von Arendts Buch, brachte der *Rheinische Merkur* einen längeren Artikel von Paul Arnsberg über Reaktionen auf ihr Werk in den Vereinigten Staaten – eine Kontroverse, die er »Affäre Hannah Arendt« nannte. Diese schrieb Karl Jaspers am 24. September 1964, ihr deutscher Verlag Piper – ebenso wie Droemer/Knaur in München ansässig – habe ihr gerade mitgeteilt, daß einige Buchhandlungen den *Eichmann in Jerusalem* faktisch boykottierten. Die Buchhändler hatten Piper davon unterrichtet, daß sie diesen Titel nicht verkaufen wollten.

Nun hatte ich nach all den Jahren wenigstens ein Körnchen Wahrheit in Bolles Brief entdeckt. Die jüdische Anpassung und Kooperation – was er »Kollaboration« nannte – bereitete allein deshalb Probleme, weil in der »Kontroverse« für Arendt oder mich einzutreten mit dem Risiko verbunden war, große Teile der jüdischen Weltöffentlichkeit gegen sich aufzubringen.

Meine kurzlebige Beziehung zu Droemer/Knaur brachte mich nicht aus der Ruhe. Da ich die gequälten Überlegungen in den Büros deutscher Verlage nicht ganz begriff, glaubte ich, daß man sich nur Sorgen um einstige Täter machte. In der

Bundesrepublik Deutschland saß manch ein Helfershelfer weiter an seinem Schreibtisch, und die Vierzigjährigen hatten jene Ära allesamt miterlebt.

Der Reinfall in München unterstrich jedoch meine Isolation. In den Vereinigten Staaten war keine Hochschule wirklich an Forschung zum Thema Vernichtung der Juden interessiert. Schon 1963 war mir klar, daß ich bis zum Ende meiner Laufbahn in Vermont bleiben würde, und diesen Zustand schrieb ich sogar fest, als ich frisch vermählt das Haus kaufte, in dem ich noch heute lebe. Mein Haus wurde mir eine Zuflucht. Aus den hinteren Fenstern blicke ich nur auf Bäume, die im Sommer grün sind und im Winter völlig bedeckt mit Schnee. Hier glitten die Jahrzehnte stetig, fast unmerklich vorüber.

1965 schloß ich die Augen für mein Thema, nahm jedoch einige Jahre später das Sichten von Akten wieder auf. Erneut bot sich eine Chance. Dieses Mal hatte die Universitätsbibliothek keine Dokumentensammlung von einem freundlichen Spender erhalten, sondern ich mußte andernorts nach neuen Materialien suchen. Das ermöglichte mir die University of Vermont, als sie ihre Forschungssemester, die seit den mageren dreißiger Jahren abgeschafft waren, dann in den fetteren sechziger Jahren wiedereinführte. Unsere Fakultät hatte eine Warteliste, auf der einige Dienstältere vor mir standen, aber im Frühjahr 1968 war ich an der Reihe. Ich erhielt ein sechsmonatiges Freisemester und konnte nun Auslandsarchive besuchen, wo ich Akten sichtete, die nicht in die Vereinigten Staaten gelangt waren. Ich begann, über die Lücken in meinem Buch nachzudenken, besonders was die Aufgabe der Reichsbahn und die ziemlich unbekannten Vernichtungslager Belzec, Sobibor und Treblinka anging. Diese Themen hätte ich in Deutschland erforschen müssen, konnte mir aber nicht vorstellen, dort mit meiner kleinen Familie auch nur wenige Monate zu leben. Anstatt dessen entschied ich mich für Jerusalem und das Archiv von Yad Vashem. Das war ein Fehler.

Einen ganzen Monat lang ließ man mich nicht in das Archiv

hinein. Ich war offenbar eine unerwünschte Person. Als ich im Verwaltungstrakt buchstäblich an eine Türe nach der anderen klopfte, bekam ich alle möglichen Erklärungen und Ratschläge. Der Direktor von Yad Vashem weile außer Landes, sagte mir eine der Mitarbeiterinnen, und in seiner Abwesenheit könne man gar nichts unternehmen. Ich hätte vor der Anreise schriftlich um Erlaubnis bitten sollen, meinte eine andere. Da ich bereits in Israel sei, sagte eine dritte, solle ich ins Archiv für mündliche Überlieferung in Tel Aviv gehen, das unbeschränkten Zutritt gewähre. In Tel Aviv ackerte ich mehrere Wochen lang Berichte von Überlebenden durch. Dann probierte ich es nochmals bei Yad Vashem, wobei ich die bemerkenswerte Bronia Klibanski kennenlernte.

Während des Krieges unterstützte sie Mordechaj Tenenbaum-Tamaroff, einen jungen Mann, der in mehreren Ghettos zum Widerstand aufgerufen hatte, bis er bei dem kurzen Kampf im Ghetto von Bialystok ums Leben kam. Sie mußte Sprachen studiert haben, denn sie konnte, wie sie mir sagte, alle Dokumente in ihren Archiven außer den ungarischen lesen. Sie schrieb nie viel, trotz ihrer Einsichten in die Konflikte der jüdischen Bevölkerung unter der deutschen Herrschaft in Polen. In Yad Vashem fungierte sie nur als eine untergeordnete Sachbearbeiterin, und ich glaube, sie nutzte ihre Sprachkenntnisse sowie ihr anmutiges und freundliches Wesen, um wichtigen Besuchern die interessantesten Exponate des Hauses vorzuführen.

Als wir uns kennenlernten, stellte ich mich vor: »Hilberg.« »Sie – Sie sind der Hilberg!« Sie lachte auf. Von sich aus erlaubte sie mir, entgegen den Vorschriften, die man mir genannt hatte, mich ins Archiv zu setzen – wo mich ihr Vorgesetzter Josef Kermisz nicht vertrieb. Sehr wenige Mitarbeiter waren für mich ansprechbar, und es dauerte einige Wochen, bis ich herausfand, daß mein Buch sechs Jahre nach Erscheinen im letzten Band der *Yad Vashem Studies* rezensiert worden war. Die 36 Druckseiten umfassende Besprechung trug den Titel »Historische Forschung oder Verleumdung?«.

In den folgenden Jahren besuchte ich Yad Vashem öfter, wurde sogar gebeten, dem Gremium der Herausgeber beizutreten und ein Referat über Judenräte zu halten. 1968 hatte ich jedoch mit Problem auf Problem zu kämpfen: Ich fand im übervölkerten Jerusalem keine Mietwohnung, verbrachte Stunden in Bussen von und nach Tel Aviv und war an die begrenzten Öffnungszeiten des Archivs gebunden. Als ich reumütig über die mageren Forschungserträge nachdachte, beschloß ich, mir eine kurze Zeit in guten deutschen Archiven zu gönnen – die mich nicht aussperrten und die bedeutende Sammlungen enthielten. Doch die Zeit in Deutschland war zu knapp, und das wilde Sammelsurium von Materialien, mit dem ich nach Vermont zurückkehrte, bildete kein schlüssiges Ganzes.

Ich war Mitte Vierzig, steckte also gerade in der Lebensphase, die für amerikanische Männer gemäß dem Titel des populären Romans »die stürmischen Jahre« hieß. In diesem Alter mußte man mit plötzlichen Einbrüchen oder Rückschlägen rechnen. Man konnte der Sterblichkeit begegnen, etwa in einem Herzanfall, oder beruflich scheitern, wenn der Arbeitsplatz verlorenging oder eine Beförderung ausblieb, oder wie in meinem Fall den Zusammenbruch einer Ehe hinnehmen. In einer solchen Phase gestörten Gleichgewichtes und fehlender Orientierung sucht der Organismus ganz von selbst neuen Halt auf einem sicheren Terrain, um wenigstens die verbleibenden Talente und Möglichkeiten zu retten.

Im Frühjahr 1968 verhalf mir mein Kollege Jay Gould während meiner Abwesenheit in Burlington, ohne es zu ahnen, zu einem psychischen Halt, als er dafür sorgte, daß ich in einen kleinen Universitätsausschuß gewählt wurde, der über alle Fragen der Ernennung und Beförderung von Fakultätsangehörigen zu entscheiden hatte. Ein Jahr später wurde ich auch zum Vorsitzenden eines vom Treuhänderrat der Universität berufenen Fakultätsausschusses gewählt, der den neuen Rektor suchen sollte – wobei mehrere wichtige Mitglieder des Gremiums fest voraussetzten, daß der siegreiche Kandidat ein weißer einheimischer Protestant zu sein habe. Schließlich wurde ich zum Vorsitzenden meiner Abteilung ernannt. Die Universität nahm mich nahezu vollständig in Anspruch. Ich erforschte sie in allen ihren Merkmalen: Verwaltung, Fakultät, Studenten, Quellen und Zuteilung der Mittel. In diesem Mikrokosmos war ich zugleich Teilnehmer und Beobachter, fasziniert, angeregt. Doch dann hielt ich inne.

Im Frühjahr 1976 hatte ich ein weiteres Forschungssemester. Dieses Mal fuhr ich sofort zu den Archiven in Deutschland und Österreich. Ich wußte nur, daß ich zu meinen Dokumenten zurückkehren, nicht so genau jedoch, was ich mit ihnen anfangen würde. In den Jahren 1969 und 1970 hatte ich halbe Nächte damit zugebracht, einiges Material für ein kleineres Sammelwerk zu übersetzen, das bei Quadrangle Books erschien. Später in den siebziger Jahren malte ich mir aus, diesen Auftakt kolossal zu erweitern, ein vielbändiges Panorama daraus zu machen. In meinen Phantasien sah ich mich schon als Oberbefehlshaber eines Projekts, in dem viele Forscher und Übersetzer beschäftigt sein würden, um unter meiner Leitung verschiedene Themenstellungen zu bearbeiten und ein englischsprachiges Zentrum für Materialien aus Archiven in ganz Europa aufzubauen. Mein Beitrag würde darin bestehen, die Dokumente auszuwählen, zu ordnen und zu erläutern. Dieser Traum spornte mich jedenfalls an, meine Fühler weit auszustrecken. Wenn ich die Regierungen der Vereinigten Staaten, Kanadas und Australiens als Experte vor Gericht vertrat, dann hoffte ich auch, durch offizielle Gesuche dieser Staaten bei der Sowjetunion, deren Archive für die Öffentlichkeit nach wie vor verschlossen waren, neue Unterlagen zu erhalten. Als ich dann der Holocaust-Kommission des Präsidenten und der Nachfolgeorganisation United States Holocaust Memorial Council beitrat, warb ich für die Idee, ein Archiv für Mikrofilme von allen wichtigen Dokumenten aus den zugänglichen Sammlungen Europas einzurichten. Bedenkt man, wie hoch der Council und sein Museum mündliche Aussagen von Überlebenden bewerten, so ist es ein wahres Wunder, daß dieses Dokumentararchiv eingerichtet und beschleunigt Quellenbestände aus der Sowjetunion, der DDR und Rumänien auf Mikrofilme übertragen wurden. Doch ein Gesamtprojekt zugunsten künftiger Forschergenerationen in den Vereinigten Staaten, wie es mir vorschwebte, bedeutete derart große – wenn auch im Vergleich zu den Kosten des Museums verschwindend geringe – Investitionen, daß es als nicht zu rechtfertigender Luxus erscheinen mußte.

So blieb nur eine Möglichkeit übrig. Da alle gesammelten Dokumente mein Wissen bereicherten, konnte ich eine genauere, vollständigere und treffendere Darstellung anstreben. Kurzum, ich erwog eine neue Fassung von *The Destruction of the European Jews (Die Vernichtung der europäischen Juden*). In praktischer Hinsicht geriet dieses Vorhaben fast zu einem Alptraum. Bei Verlagen sind überarbeitete Fassungen von Monographien nicht gerade beliebt. Sollte die erste Auflage ein Flop gewesen sein, warum es dann mit einer zweiten versuchen? Wenn sich jedoch die Originalausgabe, wie in meinem Fall, mäßig, aber stetig verkaufte, warum dann Geld für eine neue aufwenden? Ich arbeitete unentwegt weiter, immer mit Blick auf weitere Möglichkeiten, ob im In- oder Ausland. Schließlich eröffneten sich neue Chancen, so daß ich, Übersetzungen eingerechnet, eine zweite, dritte und vierte Ausgabe realisieren konnte. Jedesmal mußte ich neues Material in bestehende Texte einarbeiten. Da ich vom jeweiligen Stand der Dinge abhängig war, kam ein anderes Verfahren nicht in Betracht.

Nicht mehr Herr über mein Schicksal, wurde ich nervös und oft ganz übellaunig. Mein Augenmerk richtete sich notwendigerweise zugleich auf die Archive und auf Verlage. Auch das Verlagswesen schien sich in Aufruhr zu befinden und bereitete mir, angefangen bei Quadrangle Books, einige Überraschungen. Um 1971 war Quadrangle ein Verlag, der für hohe Qualität stand. In harter Arbeit hatten Vizepräsident Melvin Brisk und sein fähiger junger Lektor Ivan Dee ein Programm von etwa dreihundert anerkannten Titeln aufgebaut. Doch in diesem Jahr wurde Quadrangle von der New York Times Company übernommen, worauf die New York Times Books innerhalb kürzester Zeit ungefähr achtzig Titel, die als »Lehrbücher« galten – darunter mein erstes Buch und die spätere Dokumentation –, an den Kinder- und Jugendbuchverleger Franklin Watts verkauften. Mich verblüffte dieser Vorgang so sehr, daß ich einen Lektor der New York Times Books in New York zur Rede stellte und fragte, weshalb ich ohne eine schriftliche Ankündigung einfach mitverkauft worden sei. Während ich mit dem Mann sprach, ging mir auf, daß er mit Irving Howe befreundet war und vermutlich auch das Symposion im dem Hotel mit veranstaltet hatte. Der Lektor wich zwar allen Fragen aus, aber ich erinnere mich noch, daß er sagte, die New York Times Books würden »andere gute Bücher« verlegen.

Jetzt erst wurde mir klar, was es wirklich bedeutet, Urheberrechte abzutreten: Wurden sie weiterveräußert, so war das Werk des Autors nichts weiter als eine Ware in den Händen völlig fremder Menschen. Franklin Watts verkaufte die beiden Bücher noch einige Jahre lang, bis sie von der *Liste der lieferbaren Titel* verschwanden. Ich rief meinen neuen literarischen Agenten Theron Raines an, der mir riet, einen Anwalt mit der Rückforderung der Urheberrechte zu beauftragen. Bald konnte ich wieder frei darüber verfügen, worauf Raines die Rechte für fünf Jahre an Harper veräußerte, so daß ich zielstrebig an einer zweiten Ausgabe arbeiten konnte. Jetzt hatte ich nur noch das Problem, daß sich überhaupt kein Verlag für ein solches Projekt interessierte. Als Theron Raines dann anfing, von der Notwendigkeit eines kräftigen Zuschusses zu sprechen, empfand ich etwas wie ein Déjà-vu. Trotz all der Jahre lag das Thema noch in der Luft.

An eine Übersetzung ins Deutsche dachte ich überhaupt nicht. 1967 hatte der Freund eines Freundes mein Buch dem Rowohlt Verlag in Reinbek nahe Hamburg empfohlen. Der Bescheid von F. J. Raddatz lautete, Rowohlt sei schon zu sehr mit

Sachbüchern »belastet«, und mein Buch anzunehmen würde bedeuten, mehrere literarische Projekte zu opfern. 1979 fragte der kleine Verlag Darmstädter Blätter wegen des Buches an, befand dann aber, die Publikation finanziell nicht bewältigen zu können. Am 5. März 1980 erhielt Raines die Nachricht eines Schweizer Agenten, auch der traditionsreiche Münchner Verlag C. H. Beck, wo insbesondere juristische Kommentarwerke erschienen, habe das Buch abgelehnt. »Mehr als 600 oder 800 Exemplare kann man davon nicht absetzen«, schrieb der Agent. »Ich bezweifle aber, daß mehr als zwanzig Käufer die Abhandlung lesen würden. Sie ist viel zu lang.«

In Deutschland machten inzwischen jedoch Vertreter der im Krieg oder danach geborenen Generation von sich reden. Einer von ihnen kam aus einer Eisenbahnerfamilie und verlegte Eisenbahnbücher. Seine Leserschaft interessierte sich in erster Linie für Dokumente wie die Fahrpläne der Transsibirischen Eisenbahn im zaristischen Rußland. Als er von meiner Studie über die Eisenbahnen in der Nazizeit erfuhr, trug er mir in einem gewagten Schritt an, eine kommentierte Dokumentation über jene Züge zu publizieren, die Juden in ihren Tod beförderten. Das Büchlein erschien 1981 als die erste deutsche Veröffentlichung unter meinem Namen.

Ende 1980 kam ein Schreiben von dem Westberliner Kleinverlag Olle & Wolter, der meinen Wälzer veröffentlichen wollte. Ulf Wolter hatte es eilig, und 1982 flog ich nach Deutschland, um hektisch Material zu durchforsten, das noch in letzter Sekunde in diese Ausgabe eingefügt werden sollte. Während meines Aufenhaltes wurde ich neugierig auf den Menschen. Warum wollte gerade er eine Studie verlegen, an die sich sonst offenbar niemand in Deutschland heranwagte? Um das herauszufinden, verabredete ich mich mit ihm und flog nach Berlin.

Der noch junge Wolter war kurz vor dem Mauerbau mit seiner Familie aus der DDR nach Westberlin geflohen. Wie viele seiner Freunde war er ledig. Sein Büro lag in einem unscheinbaren Haus, das man über einen Hinterhof erreichte. Die Räume waren groß und billig. Wolter bekannte stolz, bei der Miete zu sparen. Dadurch, erklärte er, habe er deutlich geringere Kosten als seine größeren Konkurrenten. Um das zu bekräftigen, brachte er mich für die Nacht in einer Pension unter, wo der Gast im Flur selbst Licht einschalten mußte, das jedoch automatisch wieder ausging, bevor er sein Zimmer gefunden hatte. Wiewohl ich auf Forschungsreisen meist bescheidene Hotels wählte, fühlte ich mich dieses Mal unwohl. Deshalb vielleicht, weil die Pension in der oberen Etage eines Mietshauses lag, oder wegen der Steintreppen, der Geräusche, des zellenartigen Zimmers mit seinem Mobiliar aus den dreißiger Jahren malte ich mir aus, wie sich unten die Braunhemden der SA versammelten und Männer in Schaftstiefeln die Treppen hinaufstürmten und gegen alle Türen hämmerten.

Am nächsten Tag fragte ich Wolter, warum er mein Buch herausbringen wolle, denn darüber gab mir sein Programm keinen Aufschluß. Ihn interessierte, eine Arbeit meines Kollegen Robert V. Daniels, des Sowjetologen an der University of Vermont, über die trotzkistischen Abweichler von der kommunistischen Orthodoxie ins Deutsche übersetzen zu lassen – außerdem hatte ich neben Titeln von radikalen oder sozialistischen deutschen Autoren auch feministische Bücher gefunden –, aber warum wollte er meines haben? Wolter erwiderte, übrigens in tadellosem Englisch, er habe mein Buch schon während des Studiums gelesen und sich damals vorgenommen, es auf Deutsch herauszubringen, sobald er als Verleger dazu fähig wäre. Seine Bücher, erklärte er, kreisten um ein Thema: Ungerechtigkeit. Dabei dürfe das meine nicht fehlen.

Auch wenn er viel zu sehr drängte, beeindruckte mich Wolter ebenso wie der meisterhafte Übersetzer, den er mir vorstellte – Christian Seeger, der nächste Junggeselle. Ich fragte Seeger, warum so viele junge Männer im deutschen Verlags- und Pressewesen ledig blieben, worauf er mir antwortete, er selbst habe mehrere Geschwister, und es gebe genügend Deutsche in der Welt.

Damals stand auch in den Vereinigten Staaten eine Neuauflage meines Buches kurz bevor. Entmutigt, hatte ich gar keinen Verlag gesucht, sondern war von einem sehr kleinen, mir bis dahin ganz unbekannten Unternehmen gebeten worden, ein Manuskript zu begutachten. Anschließend fragte mich der Inhaber, wie sich herausstellte ein Überlebender, was ich so mache. Ich bin ziemlich sicher, daß er mit meiner Antwort nicht gerechnet hatte, aber sie ließ ihn kalt. Ich hingegen war angetan von seiner Titelauswahl und vom Verlagsprofil. Fast stolz erklärte er mir, daß er zwar keinen Bestseller im Programm habe, dafür aber gutes, säurefreies Papier benutze, seine Umschläge schön gestalte und aus Treue nie Bücher verramsche. Dabei verschwieg er mir allerdings, daß er für meine dreibändige Neuausgabe einen unerhörten Preis verlangen würde und dem Buchhandel systematisch den üblichen Rabatt verweigerte, mit der Folge, daß er die Bücher direkt an Bibliotheken und private Kunden versandte und bei einer sehr geringen Auflage relativ hohe Gewinne einstrich. Dann starb er, und das Buch blieb auf Halde liegen.

Die amerikanische Neuausgabe – von mir als zweite geführt, obwohl sie in Wirklichkeit die dritte war, und die er als »überarbeitete Endfassung« hochstilisiert hatte – erschien 1985. Zuvor hatte ich mir viel Mühe gemacht, die Zusätze nahtlos in den Text einzufügen, so daß neue Leser keine Übergänge spürten. Das war mir nur zu gut gelungen, denn die meisten Rezensenten bemerkten auch fast nichts von den Erweiterungen. Lucy Dawidowicz jedenfalls sah in den drei Bänden nur Masse – Ausdruck meiner Unfähigkeit als Schriftsteller. Dann tröstete mich aber, daß am anderen Ende der Skala Christopher Browning, jener hochgelehrte Forscher, der eine große Vielfalt von Themen im Umkreis der jüdischen Katastrophe untersucht hatte, alle wichtigen Zusätze fand und in seiner Rezension beleuchtete.

Bis 1988 und eigentlich sogar 1992 bemerkte ich nicht, daß ich ein europäischer Autor geworden war. 1988 kam mein Buch bei dem großen französischen Verlag Fayard heraus, inhaltlich nochmals erweitert, also meine vierte Fassung. Ohne Zweifel hatte sich Fayards Interesse an dem Projekt erst dann geregt, als Claude Lanzmanns Film *Shoah* gelaufen war. Der Erfolg des Buches ging auf den Einsatz des jungen Lektors Eric Vigne zurück, der Klugheit und feines Gespür mit stürmischer Kraft verband. Überdies war das Thema in Frankreich neu, und dort fielen Bücher noch ins Gewicht. »Vergessen Sie nicht«, sagte mein amerikanischer Verleger, halb selbstrechtfertigend, als ich seine dürftigen Umsätze gegen den Erfolg in Frankreich stellte, »daß Ihr Buch dort eine Erstausgabe ist, und glauben Sie ja nicht«, fuhr er fort, »daß die beiden Märkte vergleichbar sind.« Schließlich wurde mir klar, daß in Frankreich die Zeit für Lanzmanns Film, für Vignes Fähigkeiten und für mein Buch gekommen war.

In Deutschland erkrankte Ulf Wolter, und der Verlag verschwand von der Bildfläche. Doch immerhin hatte dieses kleine Unternehmen mehr Exemplare – und das auch noch zu einem sehr hohen Preis – abgesetzt, als dies irgendwer anfangs für möglich gehalten hätte. 1990 veröffentlichte der Frankfurter Fischer Taschenbuch Verlag eine überarbeitete dreibändige Ausgabe – die zweite deutsche Fassung also: ein wirklicher Durchbruch und mit ihren vielen Ergänzungen seither die Standardversion meines Buches. »Wir werden Geld verlieren«, prophezeite anfangs mein Lektor Walter Pehle, doch er fand in dem Privatgelehrten Dieter Dirk Hartmann einen Förderer dieser kostspieligen Ausgabe. So konnte das preiswert angebotene Buch auch ein ökonomischer Erfolg werden.

Immer wieder flog ich nach Deutschland, um Vorträge zu halten, Interwiews zu geben. Die Deutschen bohrten tief, nicht nur inhaltlich, sondern auch, was die Entstehung meiner Arbeit betraf. Wie hatte ich angefangen? Warum? Doch insbesondere erwarteten sie die Lösung eines Rätsels, das sie sehr stark beunruhigte. Fast nie formulierten sie das Problem direkt oder sprachen die Frage offen aus, doch einmal fragte ein junger Mensch in Berlin schlicht: »Weshalb haben wir das getan?«

Das Tagebuch des Adam Czerniakow

»Wissen Sie, was wir haben?« Die rhetorische Frage stellte mir der Archivar von Yad Vashem, Josef Kermisz, am Ende meines Jerusalem-Aufenthaltes vom Frühjahr 1968. Er war ein kleiner, zerbrechlicher Mann, und sein Tonfall ließ vermuten, daß er trotz der schmächtigen Statur und der untergeordneten Stellung, die er in seiner Behörde einnahm, Zugang zu allen Dokumenten in seiner Obhut gewähren oder verweigern konnte, wodurch er über den Fortschritt und Erfolg der Forschungsprojekte von Außenstehenden entschied. Ich ließ mich auf sein Spiel ein und fragte: »Was haben Sie denn?« »Das Tagebuch von Adam Czerniakow«, war seine Antwort.

Seine Worte erzielten die gewünschte Wirkung. Mir fiel sofort ein, daß Alfred Sloane bereits in den fünfziger Jahren das Tagebuch von Emmanuel Ringelblum herausgegeben hatte, jenem Historiker des Warschauer Ghettos, der aufgespürt und getötet wurde, nachdem er untergetaucht war. Da Sloane keine Erlaubnis bekam, das Warschauer Original des Ringelblum-Tagebuches oder die Jerusalemer Kopie einzusehen, mußte er eine bereinigte Fassung benutzen. Daher fehlten in Sloanes Ausgabe jene kritischen Stellen, an denen Ringelblum das Vernichtungslager Sobibor erwähnt und gefragt hatte, warum sich die Juden wie Lämmer zur Schlachtbank hatten führen lassen. Als der Gralshüter des Jerusalemer Exemplars stand Josef Kermisz vor einem klassischen Dilemma. Wie alle Geheimnisträger konnte er seine Macht nur dann ausüben, wenn er andere einweihte – also sein Monopol und seine Einzigartigkeit teilweise aufgab. Im Fall des Ringelblum-Tagebuches löste Kermisz sein Problem, indem er die fehlenden Stücke auf besonderem gelben Papier in einen Band der *Yad Vashem Studies* heftete und damit das Augenmerk von Fachleuten auf den Schatz lenkte, ohne hingegen zehn Jahre nach Erscheinen der verstümmelten englischen Übersetzung den Weg für eine revidierte Fassung zu ebnen. Was sollte jetzt mit dem Tagebuch

Adam Czerniakows geschehen, das ich für noch bedeutsamer hielt als die Schriften des Ghetto-Historikers, da Czerniakow der Vorsitzende des Judenrates im Warschauer Ghetto gewesen war?

»Wenn Sie«, sagte ich betont langsam, »wirklich ein Tagebuch von Czerniakow haben, dann sollten Sie es in den Vereinigten Staaten veröffentlichen.« Nein nein, nicht so schnell, erwiderte Kermisz. Dieses Tagebuch sei ein überaus komplizierter Text und könne nur sachkundig kommentiert erscheinen. Und in welcher Sprache soll es dann herauskommen, wollte ich wissen. Selbstverständlich auf Hebräisch, erwiderte Kermisz.

Ich kannte bereits den Refrain, den ich mir schon seit fünfundzwanzig Jahren anhören mußte: »Wir Israelis haben das Wissen, ihr Amerikaner habt das Geld.« Im Augenblick war also nichts zu machen. Ich verließ Jerusalem, nicht ganz sicher, ob ich es je wiedersehen würde. Allerdings vergaß ich unser Gespräch nach der Abreise nicht. Ich hatte dieses Zeugnis niemals gesehen. Es mußte aber, ungeachtet seines Inhaltes, viele Fragen beantworten können. Was bedeutete es, ein Ghetto zu führen? Was für ein Mensch war Czerniakow? Das Tagebuch war sein persönlicher Bericht, die heiligste Form von Aufzeichnung überhaupt.

Mehrere Jahre vergingen, bis ich erfuhr, daß das Tagebuch in einer obskuren polnischen Zeitschrift abgedruckt worden war – in genau jenem Organ des Jüdisch-Historischen Instituts Warschau, wo auch das zensierte Tagebuch Ringelblums erschienen war. Da Czerniakow im Original polnisch geschrieben hatte, mußte man bloß prüfen, ob der Text vollständig und richtig transkribiert war, um ihn für beliebige Zwecke nutzen zu können. Dann stellte ich fest, daß es auch noch zwei hebräische Fassungen gab – eine sogar mit Faksimiles der Originalhandschrift Czerniakows neben der hebräischen Übersetzung. Mit einer Lupe konnte man den polnischen Text entziffern.

Ich selbst konnte keine englische Übersetzung anfertigen

– Polnisch zählt zu den wichtigen Sprachen, die ich nie gelernt habe –, hatte aber in Stanislaw Staron einen Kollegen, der aus Polen stammte. Er war es auch, der mir von einem Besuch in Warschau ein Exemplar der polnischen Zeitschrift mitgebracht hatte. Wir sahen uns den Aufbau des Tagebuches an. Fast jede Eintragung begann mit Ausführungen über das Wetter. Gewiß würde dieses Stück Literatur kein Bestseller werden. Es erinnert an *Pepys' Tagebuch*, bemerkte Staron. Ich blieb unbeirrbar. Dieses Dokument mußte übersetzt, erforscht und kommentiert werden, und dafür war Stanislaw Staron genau der richtige Mann.

Stan ist sehr scharfsinnig. Sein Gebiet war die politische Theorie, und als Dissertationsthema hatte er das neothomistische Denken Jacques Maritains gewählt. Das ursprüngliche Projekt schloß sogar noch zwei neuere Theologen ein, doch offenbar habe ich ihn überredet, sein Thema zu begrenzen, um irgendwann mit der Arbeit fertigzuwerden. Als ich die Dissertation las, beeindruckte mich ihre Klarheit. Zum ersten Male faszinierte mich ein Text über Theorien, die ich unter keinen Umständen selber studiert hätte. Staron war gefesselt von ihrer Struktur, Symmetrie und Ausgewogenheit, gestand mir aber, daß ihn die Maritain-Analyse zu viel Zeit gekostet habe. »Ich hätte ein leichteres Thema wählen sollen«, sagte er. »Zum Beispiel?« fragte ich. »Etwa ›Freiheit‹«, gab er zurück.

Staron ist auch ein Mann von Welt, mit Sinn für die Welt. Er fuhr gerne Ski – ein Sport, der mir nie gefiel. Er hatte in Schottland gelebt und dort begonnen, die britische Kultur zu bewundern, blieb indes der Inbegriff eines Polen und ein hoffnungsloser Romantiker, der nicht heiratete. Als er Bronia Klibanski kennenlernte, war er völlig von ihr hingerissen. »Raul«, sagte er, »es ist schade, daß du nicht selbst erkennen kannst, was für ein schönes Polnisch sie spricht.« Im Zweiten Weltkrieg trug er vom ersten bis zum letzten Tag Uniform. Da Stan nicht gerne gelobt wird, darf ich bei seinem Porträt nur die schlichtesten Fakten seines Kriegslebens zitieren, das mit dem deutschen Überfall auf Polen und seiner Gefangennahme begann. Er entkam – »Es war einfach« (weil viele Polen das gleiche schafften) – und wurde von einer polnischen Untergrundorganisation via Ungarn, Jugoslawien und Italien nach Frankreich gebracht. Dort kam er in eine polnische Division, die aus Männern wie ihm und, so meine ich, seit Ende des Ersten Weltkrieges in Frankreich lebenden polnischen Kohlebergleuten bestand. Nachdem die Deutschen in ihrer Westoffensive die Maginotlinie durchbrochen hatten – das britische Expeditionskorps nach Dünkirchen zurückgewichen war, um dort, so scheint es mir, bis zum letzten Franzosen zu kämpfen –, hieß es für die Offiziere und Soldaten der polnischen Division: Jeder auf eigene Faust! Staron und mehrere Tausend weitere Polen strömten in die französische Hafenstadt La Rochelle (von wo ich ein Jahr zuvor Europa im Frieden verlassen hatte). Von dort fuhren sie mit einem verdunkelten, unbewaffneten Truppentransporter nach England, und die nächsten Wochen verbrachte Stan Staron als Artillerieoffizier mit einer Art napoleonischen Kanone an der schottischen Küste, wo er die Deutschen erwartete. Drei Jahre und achtzehn Übungssprünge später war der Fallschirmjäger Staron wieder auf dem Festland. Bei Kriegsende kämpfte er in den Niederlanden. Wie viele Polen in seiner Stellung konnte er nicht heimkehren. Nachdem er in Schottland und in den Vereinigten Staaten studiert hatte, verschlug es ihn schließlich nach Vermont, wo er vor allem die politischen Institutionen des kommunistischen Polen erforschte – besonders das Verhältnis von Kirche und Staat. Dabei ließ er sich stets von selbstgesetzten Regeln einengen: Man darf nicht über dieses oder jenes schreiben. Man darf Polen nicht verraten. Man darf und darf nicht.

Ich sprach ihn auf das Czerniakow-Tagebuch an. Es sei ein ideales Unternehmen, argumentierte ich in dem Wissen, daß er außer seinen soliden Artikeln über Polens politisches System nichts schreiben wollte. Doch er brauche meine Hilfe. Na gut, dann arbeiteten wir eben zusammen. Ich wußte bereits, daß es die Akten der deutschen Stadt- und Ghettoverwaltung in Warschau auf Mikrofilmen gab, die für unsere Einführung, die Fußnoten und den Anhang unverzichtbar sein würden. Diese vom Jüdisch-Historischen Institut in Warschau angelegten Filme hatte Yad Vashem im Tausch gegen ein Typoskript des Tagebuches erhalten. Nach dieser Vorlage hatte das Warschauer Institut den polnischen Text gedruckt.

Ich kannte auch einen Verlag, der an unserem Projekt interessiert wäre. 1970 hatte Benton Arnovitz von Macmillan aufs Geratewohl bei mir angefragt, ob ich etwas über Halbjuden im Naziregime schreiben wolle. Das Thema, erwiderte ich, sei zwar sehr wichtig, ich könnte jedoch nicht über den in meinem Buch erreichten Stand hinausgehen. Dann schlug er mit sicherem Riecher dafür, was geschrieben werden sollte, Judenräte vor. Ich gab zurück, meines Wissens habe Isaiah Trunk ein jiddisches Manuskript zum Thema in der Schublade liegen. Arnovitz veröffentlichte diese bahnbrechende Studie in englischer Übersetzung. Das gewiß nicht leicht verständliche Buch wurde mit dem American Book Award ausgezeichnet. Später erklärte Arnovitz, er habe nur deshalb einen derart schwierigen Text durchgebracht, weil Macmillan »ihm etwas schuldete«. »Wie kam das?« wollte ich wissen. Arnovitz erklärte, daß Macmillan die Erinnerungen Albert Speers verlegt hatte, der im Zweiten Weltkrieg für die deutsche Rüstungsproduktion zuständig war, und Trunks Werk das politische Gleichgewicht wiederherstellen sollte. Doch offenbar blieb Trunk auf dem Buchmarkt weit hinter Speer zurück, weshalb sich Arnovitz weiter für realisierbare Manuskripte von mir interessierte. In diesem Zusammenhang erwähnte ich das Czerniakow-Tagebuch, auch wenn es gewiß keine grandiosen Gewinne versprach.

Benton Arnovitz war ein Mensch mit festen Überzeugungen. Er hatte der United States Army als Artilleriemajor der Reserve gedient und schämte sich nicht, das Wort »Ehre« zu benutzen. Auch war er einer der besten Lektoren, die ich je hatte. Er verstand nicht bloß viel von Büchern, meinem Thema und dem

Markt, sondern setzte sich auch für Autoren und deren Belange ein. Er hegte eine starke Abneigung gegen New York, den Mittelpunkt des amerikanischen Verlagswesens, und als er die Metropole verließ, nahm er unseren Vertrag mit zu Chilton in Philadelphia, bekannt für Autoreparaturhandbücher, und dann zu Stein and Day in Briarcliff Manor, die Konkurs anmeldeten, bald nachdem das Tagebuch gedruckt worden war.

Als ich Benton Arnovitz das Tagebuch vorschlug, betrachtete ich es als ein öffentliches Gut. Bei Yad Vashem sah man das jedoch anders und machte Urheberrechte für diesen Text geltend. Irgendwann hatte Yad Vashem einen eigenen Verlag, der verlangte, Arnovitz solle die Publikation »umgehend« einstellen. Später einigten sich die beiden Verlage auf eine Zusammenarbeit, allerdings unter Bedingungen, die Yad Vashem diktierte, wovon eine mit den Worten Arnovitz' lautete: »Hilbergs Fußnoten müssen sachlich, namentlich gekennzeichnet und strikt wertfrei sein.« Als Yad Vashems Verlag entschied, sich aus dem Projekt zurückzuziehen, bot Arnovitz dort eine Kooperation an. Deshalb ist Kermisz als Mitherausgeber aufgeführt und gibt es eine gesonderte Einführung von ihm. Bei alledem leisteten der Romancier Herman Wouk, Yehuda Bauer von der Hebräischen Universität und der hingebungsvolle Benton Arnovitz gute Dienste.

Unsere Zusammenarbeit mit Yad Vashem lief erstaunlich glatt. Ganz besonders beeindruckte mich die Leistung der Spezialisten von Yad Vashem, zahlreiche meist unbekannte jüdische Persönlichkeiten zu verifizieren, die Czerniakow in seinen Einträgen erwähnt. Alle Fußnoten worden zusammengetragen und auf ihren wesentlichen Inhalt gekürzt. Nur bei einer Sache kam Widerstand. Benton Arnovitz wünschte Illustrationen, und das Archiv von Yad Vashem wollte kein einziges Photo von Juden herausgeben, die in Fabriken für Deutsche gearbeitet hatten. Das war auch keine ganz unbedeutende Einbuße, wenn man bedenkt, wie sehr sich Czerniakow täglich bemühte, die Produktion im Ghetto zu steigern.

Mitte der siebziger Jahre hieß der Direktor von Yad Vashem Yitzhak Arad. Als ehemaliger Partisan in Weißrußland und Brigadegeneral a. D. der israelischen Armee hatte er auch promoviert und mehrere bedeutende Bücher verfaßt, darunter eines über Wilna, das ich als Begleittext für meine Seminare benutzte. Arad imponierte mir als ein intelligenter, geradliniger, zielorientierter Mann. Leider hatte ich nicht nur mit Arad zu tun. Als sich später eine Gelegenheit auftat, das Tagebuch auch in Deutschland zu publizieren, war sein Stellvertreter Reuven Dafni erbost, weil ich auf die Anfrage geantwortet hatte, ohne Yad Vashem zu unterrichten. In einem entrüsteten Schreiben wiederholte er den Standpunkt, daß »alle Urheberrechte an dem Tagebuch bei Yad Vashem liegen«. Ich kannte Dafni weder persönlich, noch machte ich mir klar, daß ich einen hochrangigen Diplomaten vor mir hatte, der allen gebührenden Respekt verdiente. Deshalb erwiderte ich ihm so, als sei er ein ahnungsloser Mensch, der nicht einmal wisse, daß es ohne Titel keine Urheberrechte geben kann, und daß der Titel – als Anspruch auf rechtmäßiges Eigentum – beweisbar sein müsse. Ich zog mich von der deutschen Ausgabe zurück, die schließlich ohne meinen Namen und – abgesehen von einer kurzen Einführung Yisrael Gutmans und ein paar Fußnoten – ohne Anmerkungsapparat bei C. H. Beck herauskam. Dennoch wollte ich Dafni vor Augen führen, daß Yad Vashem zwar die Originalnotizbücher Czerniakows besaß, von denen eines fehlte, aber nachweisen mußte, das Eigentum von jemandem erworben zu haben, dessen Rechte an den Büchern unbestreitbar waren.

Die »Erwerbskette«, wie Juristen es nennen, wenn Urheberrechte von Hand zu Hand gehen, machte mir von Anfang an Sorgen, und ich hatte wiederholt gefordert, die einzelnen Inhaber des Tagebuches, soweit namentlich bekannt, in der Titelei zu nennen. Obwohl Josef Kermisz diesem Problem im Gespräch stets ausgewichen war, offenbarte er in seinem Einführungstext, daß Israels Botschaft in Kanada die Bücher 1964 von einer Frau namens Rosalia Pietkewicz gekauft hatte. Diese wiederum habe sie 1959 aus unbekannter Quelle erworben. Stanislaw Staron, der häufig nach Kanada reiste, kannte bereits jemanden, der sich daran erinnerte, in der Presse von dem Kauf gelesen zu haben. Doch wer war Rosalia Pietkewicz, und von wem hatte sie Czerniakows Notizbücher bekommen? Ich suchte ihre Adresse in Telefonbüchern – wir schrieben sogar an einen gleichnamigen Priester –, doch später erfuhren wir, daß sie einmal Rosa Braun geheißen, als Jüdin außerhalb des Ghettos versteckt gelebt und Polen in den fünfziger Jahren mit den Tagebüchern verlassen hatte. Stan Staron gelang es sogar, in Kanada mit ihr zu reden. »Nun?« fragte ich ihn nach der Rückkehr, »hast du herausgefunden, wie sie zu den Notizbüchern kam?« Staron, der Gentleman, mochte ein fähiger Artillerieoffizier gewesen sein, aber Frauen auszufragen war nicht seine Sache. Als Rosa Braun ihm von selbst keine Erklärung anbot, wollte er sie nicht bedrängen. In Jerusalem, wo ich unbeirrbar weiter nachforschte, erfuhr ich, daß Braun der Israelischen Botschaft gegenüber Risiken und Kosten ins Spiel brachte und die Notizbücher für hunderttausend Dollar anbot. Die Botschaft habe nach längeren Verhandlungen zehntausend Dollar angeboten, worauf Braun einging.

Obwohl ich alle Einzelheiten über das Schicksal des Tagebuches in Erfahrung bringen wollte, zumal sie für mich mit zu Czerniakows Biographie und zur Geschichte des Ghettos gehörten, zweifelte ich nie an der Echtheit der Notizbücher. Ich brauchte weder Analysen des Papiers oder der Tinte, noch Proben von Czerniakows Vorkriegshandschrift, denn ich war schon nach der Lektüre einer halben Seite überzeugt, daß niemand ein solches Manuskript mit seinen vielfältigen Anspielungen auf besondere Ereignisse und Personen hätte fälschen können.

Staron bot seinen ganzen Hintergrund und Charakter für die Arbeit an der Übersetzung auf. Er ging heran wie ein vollendeter Musiker, der eine Partitur zum ersten Mal betrachtet, und übertrug den Text ebenso gebildet wie zurückhaltend. Seine Übersetzung war kunstlos, schmucklos, durchsichtig. Was ich las, hielt mich Seite für Seite in Atem. So schuf das Tagebuch einen Ort, eine fremde Örtlichkeit, die ich zum ersten Mal betrat. Ich wurde zum Voyeur, zum Gespenst in Czerniakows Büro, unsichtbar, und je länger ich in diesem Raum weilte, desto mehr sah ich.

Vor allem gewann ich den Eindruck, daß Czerniakow stets – sogar im September 1939, als Warschau noch von den Deutschen belagert war – in dem Bewußtsein einer historischen Situation lebte, in der jeder Augenblick von Bedeutung war. Dieses Bewußtsein prägt jeden seiner Einträge. Er berichtete durchgängig vom Geschehen, ließ kaum einen Tag aus, gleichgültig, wieviel er zu tun hatte oder wie bedrückend seine Erlebnisse gewesen waren, und seine Eintragungen blieben stets sachlich, als ob er sich aufgespalten habe: in den Vorsitzenden der größten jüdischen Gemeinde auf dem europäischen Kontinent mit offiziellen Aufgaben und in einen distanzierten Beobachter und Chronisten. Da er erst als fast Sechzigjähriger zum Vorsitzenden wurde, betrachtete Czerniakow die Vorgänge mit dem Blick des reifen Mannes und nahm, an der Schnittstelle zwischen deutschen Oberherren und jüdischer Bevölkerung, eine einzigartige Position ein. Wenn die Ghettomauer scharf zwischen Täter und Opfer trennte, bildete Czerniakow eine Art Brücke. Mit ihm überschritt ich die Grenze, wenn er hinausging, um seine schwierigen offiziellen Verhandlungen mit den Deutschen zu führen und niedergeschlagen in die jüdische Welt zurückkehrte. Ich war dabei, als Unterbringung, Ernährung, Hunger, Krankheiten, Steuern, Polizei ihn vor immer neue Probleme stellten, begleitete ihn, wenn er die unaufhörlichen Klagen jüdischer Frauen anhören mußte, die ihn außerhalb des Büros um Hilfe anflehten. Als das Tagebuch in den Vereinigten Staaten herauskam, glaubte ich fest daran, daß wir diese Perspektive einem größeren Publikum eröffneten. Doch im entscheidenden Moment kam Lucy Dawidowiczs böse Besprechung in der *New York Times*, worin sie das Tagebuch niedermachte und obendrein noch über mich, Professor Staron sowie die University of Vermont herzog.

Das Tagebuch bot eine Überraschung, die allerdings nur ganz wenige Leser interessieren sollte. Czerniakow, der eine Gemeinde von etwa 400000 Menschen vertrat, traf bloß einmal mit dem Gouverneur des Distrikts Warschau, Ludwig Fischer, zusammen. Ebenso liest man nur von einer einzigen Unterredung mit dem Gestapo-Chef des Distrikts, Walter Stamm. Dafür sprach er häufig mit einem SS-Sturmbannführer, traf sich mehrfach mit einem deutschen Beamten von derart geringem Rang, daß wir ihn erst durch fleißiges Sichten von Mikrofilmen den offiziellen Aufsehern zuordnen konnten. Wie tief sollte Czerniakow gedemütigt werden? Um seine Leute durchzubringen, mußte er bitten, Bedürfnisse erklären und feilschen. Doch an wen konnte er Gesuche richten? Wenn er seine Runden drehte, um mit Schreiberlingen und Beamten zu sprechen, die kaum halb so alt waren wie er, wußte er oft nicht einmal, wer ihn anhören würde. Als Albert Speer das Tagebuch las, fielen ihm die niedrigen Dienstgrade der Aufseher im deutschen Verwaltungsapparat sofort auf. Der einstige Reichsminister für die Kriegsproduktion betrachtete das Geschehen jedoch von der anderen Seite her: Ihn verblüffte zutiefst, daß die Macht über das größte Ghetto Europas an so kleine Handlanger delegiert war.

Wie stand Czerniakow das alles durch? Er aß seine Ghetto-Suppe und schaute auf eine Watteau-Reproduktion an der Wand. Er konnte sogar scherzen. Einmal bezeichnete er sich als König von Kroatien. Beim Besuch einer jüdischen Nervenklinik fragte ihn ein Patient, ob er Czerniakow sei. Nein, erwiderte er, sei er nicht. Änläßlich einer Typhus-Epidemie verglich er die Heilkraft jüdischer Ärzte mit der von Rabbis. Als ich einmal, in San Francisco, vor mehreren Hundert jüdischen Verbandsleitern sprach, dachte ich mir, diese Männer und Frauen könnten etwas über einen Verwalter aus einer anderen Zeit und Gegend hören wollen: Czerniakow. In meiner Zusammenfassung gab ich einige Stichproben von Czerniakows Humor. Das Publikum saß wie erstarrt da und schwieg.

Ich verbrachte etwa sechs Jahre mit Czerniakow. Je tiefer ich mich in das Tagebuch versenkte, desto mehr entdeckte ich darin. Weshalb fühlte ich mich zu dem Mann hingezogen? Sein Ehrgefühl verbot, den Posten zu verlassen. Nüchtern trug er seine Vorahnungen über das jüdische Schicksal ein. Ohne geheime Informationen, völlig auf beiläufige Bemerkungen von Deutschen, verschleierte Presseberichte und die allgegenwärtigen Gerüchte angewiesen, sah er das bittere Ende voraus. Als die Deportationen einsetzten, wollte er die jüdischen Waisenkinder retten, und als er nicht einmal für deren Sicherheit bürgen konnte, nahm er sich das Leben.

Als mich Claude Lanzmann in Vermont filmte, erzählte ich ihm von meiner Arbeit. Lanzmann ließ mich über den Mann sprechen und aus seinem Tagebuch vorlesen. Am Ende sagte er zu mir: »Du warst Czerniakow.«

Das Triptychon

Im Sommer 1961 verbrachte ich einen Monat in Europa, wanderte von Land zu Land, Stadt zu Stadt, Museum zu Museum. In den Museen fand ich Stille. Skulpturen waren stumm. Gemälde waren stumm. Besonders ergründete ich Porträts: hier ein Jugendlicher, da ein alter Mann, ein Kardinal, ein Priester, außerdem Bauern und Soldaten. Sie alle waren stumm und alle tot, im Moment aber mir nahe. Warum verweilte ich in diesen Museen? Damals wußte ich es noch nicht, heute jedoch ist mir klar, daß ich nach einer neuen Sichtweise strebte und dort ein Vorbild für ein Buch fand, das ich fünfundzwanzig Jahre später schreiben sollte: *Perpetrators Victims Bystanders* (*Täter, Opfer, Zuschauer*).

Mein Leben lang war ich ganz von der Verwaltung eingenommen, hatte Organisationspläne angelegt, Entscheidungsgänge eingetragen. Jetzt blickte ich auf die Menschen: Einzelne und Gruppen. Bilder standen mir vor Augen, und ich wollte sie malen, natürlich in Worten, aber so, daß sie Porträts blieben, die man als Ganzes aufnehmen konnte, wie man Gemälde auf einen Blick sieht.

Als der weitblickende Historiker Eberhard Jäckel die deutsche Ausgabe des Titels besprach, stellte er ihn meinem ersten Buch gegenüber. Bei diesem Vergleich bemerkte er etwas ganz Ungewöhnliches: Ich hatte zu dem gleichen Thema einen völlig anderen Text geschrieben. Mein früherer Ansatz, schrieb Jäckel, sei von Franz Neumann als Mentor beeinflußt gewesen. Wenn Neumanns *Behemoth* die klassische Darstellung des deutschen Nazisystems biete, dann sei *Die Vernichtung der europäischen Juden* der *Behemoth* der Judenvernichtung. Doch inzwischen habe ich mich insofern von Neumann gelöst, als ich auch den einzelnen Menschen berücksichtige. Jäckels Beobachtung traf zu. Ich war tatsächlich aus dem Bannkreis Neumanns herausgetreten, was aber zugleich bedeutete, daß ich mich von der Politikwissenschaft abwandte. Wiewohl ich mein Wissen über politische Systeme weiter verwendete, hatte ich ein anderes Medium als die traditionelle politikwissenschaftliche Abhandlung gewählt. Mein Schwerpunkt war nicht mehr die geschlossene Welt politischer Entscheidungsapparate. Meine jetzige Frage war zugleich enger und weiter als die früheren Ansätze – enger, weil Menschen als solche keinen bürokratischen Koloß bilden, weiter dagegen, weil ich alle einbeziehen wollte, die während der jüdischen Katastrophe auf der Bühne standen. Kein Mann und keine Frau durfte übergangen werden, bloß weil sie politisch unbedeutend blieben. Adolf Hitler war ein Kapitel für sich, und andere wichtige Mitspieler mochten zumindest einen Absatz oder Satz erhalten, aber in der Gesamtanlage strebte ich nach Gleichheit, so daß die kleinsten Leute hier und da genauso viel Platz beanspruchen konnten wie die Größen.

Im übrigen stand der Täter nicht mehr im Vordergund. Täter, Opfer und Zuschauer wurden drei Gruppen zugeordnet, die ich in gleicher Weise erforschte und analysierte. Ich trennte diese Gruppen durch senkrechte Linien, da sie auch zu Lebzeiten räumlich und situativ voneinander geschieden waren. Gleichwohl blieben sie, trotz ihrer je eigenen Erfahrungen, durch das Geschehen verbunden, in das sie alle verwickelt waren und das ihnen gleichzeitig vor Augen stand. In diesem Panorama konnte der Leser in beliebiger Reihenfolge das eine oder das andere Kapitel wählen. Für den Rezensenten Jonathan Rosen von der *New York Newsday* erzeugten die Austauschbarkeit und mein eintöniger Stil ein »beunruhigendes Gefühl von Grau in Grau«.

Ich war keineswegs der erste, der sich mit gewöhnlichen Menschen befaßte. Christopher Browning schrieb ein Buch über ein deutsches Polizeibataillon, *Ordinary Men* (*Ganz normale Männer*), das 1992 erschien. John Dickinson befragte 172 Zeugen, um das Schicksal eines unbekannten jüdischen Opfers in Deutschland nachzuzeichnen. Seine Biographie *German and Jew* erschien 1967 bei Quadrangle Books. In dem Film *Shoah* befaßte sich Claude Lanzmann mit allen drei Gruppen, und auf der Leinwand sieht man fast nur kleine Leute, äußerstenfalls Professoren, aber auch Analphabeten. Die meisten der Gesprächspartner fand Lanzmann sogar in kleinen Ortschaften, und diese Menschen und Orte sind in seinem neuneinhalbstündigen Film wie zu einem Mosaik zusammengefügt.

Als ich begann, meine Rollen zu besetzen, erschien mir das Projekt noch relativ einfach. Immerhin hatte ich ja dreieinhalb Jahrzehnte lang Material gesammelt. Nichtsdestoweniger saß ich bald wieder in den Archiven, um aus einem ganz anderen Blickwinkel erneut Zeugenaussagen, Personalakten, Schriftwechsel zu sichten und um plastische Bilder verschiedener *Arten* von Tätern, Opfern und Zuschauern zeichnen zu können. Doch erst als ich das Manuskript abgeschlossen hatte, eigentlich sogar erst nach der Publikation, ging mir etwas anderes auf.

Während Schriftsteller, Journalisten, aber auch Historiker ungewöhnliche Ereignisse meist in einem alltäglichen Rahmen suchen, ging ich genau umgekehrt vor, zumal die Judenvernichtung nicht bloß ungewöhnlich, sondern einzigartig war, ein Vorkommnis für sich. In diesem außergewöhnlichen Ausbruch fahndete ich nach allem, was gewöhnlich war. Das hatte ich eigentlich von Anfang an gemacht, als ich die bürokratischen Abläufe untersuchte, und jetzt verfolgte ich das gleiche Motiv im Leben einzelner Menschen. Diese wollten – ebenso wie Behörden – in ihren alltäglichen Gewohnheiten Stabilität und besonders das innere Gleichgewicht wahren. Ob nun Täter, Opfer oder Zuschauer: Sie alle wollten ihre Stetigkeit und Fassung bewahren.

Oft haben mich Bilder solchen Verhaltens beeindruckt. In einem seiner Essays berichtet Christopher Browning, der österreichische Leiter des Lagers Semlin bei Belgrad, Herbert Andorfer, habe, um die Zeit totzuschlagen, mit jüdischen Frauen Karten gespielt, bevor man ihm befahl, diese Bekannten in Gaswagen zu stecken. In einem Buch mit Photos aus dem Warschauer Ghetto gibt es ein Bild von der Ghetto-Elite, in Anzüge und Kostüme mit dem angehefteten Stern gekleidet, beim Genuß alkoholischer Getränke. Die Wirtin beugt sich über den Tresen, um mit ihren Gästen zu plaudern; im Hintergrund sieht man halbleere Schnapsflaschen. Eine weitere Sammlung mit bürgerlichen Szenen ist ein von Gilles Perrault und dem bekannten französischen Historiker Pierre Azéma herausgegebener Bildband über Paris zur Zeit der deutschen Besatzung. Darin sieht man ausgestellte Modeentwürfe von Jacques Fath, Nina Ricci und Schiaparelli; lässige Jugendliche an einem Swimmingpool; und ein Photo von Jean-Paul Sartre, wie er 1943 im Café de Flore bei einem Glas Wein sitzt und seine Pfeife raucht. Solche Beispiele sind Legion.

Überall, wo ich hinsah, tauchte die Sehnsucht nach dem Vertrauten, dem Gewohnten, dem Normalen als Leitmotiv auf. Aus psychologischer Sicht stand dieses Sichfestklammern im Dienst der Selbsterhaltung, und seine Ausdrucksformen durchziehen diesen Umbruch wie ein roter Faden. Grundsätzlicher betrachtet erklären sie, wie diese Gruppen überhaupt durchhalten konnten – die Täter mit immer drastischeren Maßnahmen, die Opfer mit ihren fortschreitenden Entbehrungen, die Zuschauer mit der zunehmenden Zweideutigkeit und Ambivalenz ihrer Stellung. Als Sigmund Freud während der ersten großen Feuersbrunst des zwanzigsten Jahrhunderts einen Vortrag über Krieg hielt, sagte er, die Menschheit brauche immer wieder Entlastung von den Bürden der Zivilisation. Ich begann hingegen die Kehrseite des Phänomens festzustellen: Inmitten einer beispiellosen Vernichtung hielt man an den altehrwürdigen Gewohnheiten der Zivilisation fest.

Bei meinen Streifzügen durch Museen blieb ich stets neugierig. Die von Otto Dix dargestellte Gewalt des Stellungskriegs fesselte mich ebenso, wie mich die lichtvoll gemalten Phantasien von Paul Delvaux erregten. Die meiste Zeit über betrachtete ich jedoch bekannte und unbekannte Meisterwerke der Renaissance. Im Louvre sah ich einmal das Schild: »Hier zur Mona Lisa.« Eine Menschentraube umstand das berühmteste aller Gemälde, und da ich mich dem Gedränge entziehen wollte, beschloß ich, gar nicht erst anzutreten. Zu meiner Linken erspähte ich ein ruhiges Porträt, an dem alle vorbeigingen. Ganz starr vor Erstaunen fragte ich mich: Wer ist die Dame auf dem Bild, und wer hat es gemalt? Sie hieß, so glaubte man, Lucrezia Crivelli, und wurde von Leonardo da Vinci gemalt.

Gewiß, ich bin kein Leonardo, aber in der englischsprachigen Welt sind zweifellos einige der Kenner, die auf *The Destruction of the European Jews* hinweisen, achtlos an dem Buch *Perpetrators Victims Bystanders* vorbeigegangen. Mindestens die Hälfte der Rezensionen in den Vereinigten Staaten und in Großbritannien waren ablehnend. Die Kritiker bekrittelten es mit Ausdrücken wie »verkürzt«, »ein Skizzenblock« oder »magerer Eintopf«. Mehr sahen sie nicht.

Wien

Am 24. und 25. Oktober 1992, gut einen Monat nach der Auslieferung von *Perpetrators Victims Bystanders* und der Rezension in *The New York Times*, nahm ich an einer Tagung im Raum Chicago teil. Alle Anwesenden, etwa achtzig Personen, unterrichteten an Colleges oder Universitäten, und bei der Tagung ging es um das Problem, wie man das Thema Holocaust didaktisch anzugehen hatte. Ich sollte als einer der Spezialisten vor dem Plenum sprechen.

Ich hatte mich auf die Veranstaltung gefreut in der Hoffnung, neue Bücher ausgestellt zu finden und ein paar Stunden in freundlicher Atmosphäre und in der Gesellschaft gleichgesinnter Menschen zu verbringen. Einen Büchertisch fand ich nicht, aber einer der Redner, Professor Yisrael Gutman von Yad Vashem, der mein neues Buch noch nicht kannte, fiel mich wegen *Die Vernichtung der europäischen Juden* an. Nachdem ich über pädagogische Probleme bei diesem Thema gesprochen hatte, bat er nochmals um das Wort, um mich wegen meines Vortrages anzugreifen. Der Tagungsleiter befürchtete, ich könnte auf Gutman erwidern wollen, aber ich hatte keine Lust. Deprimiert, ausgelaugt, erschöpft wollte ich bloß die letzten sechs Wochen mitsamt diesem unvorhergesehenen Abschluß aus meinem Bewußtsein verbannen.

Am Nachmittag des 25. nahm ich wieder ein Flugzeug. Im Sitz dachte ich an gar nichts mehr. Als die Maschine abhob, entschwand mit dem Boden auch das bedrückende Gefühl, das auf mir gelastet hatte. Der Flug war meine Rettung. Am nächsten Morgen würde ich in Frankfurt landen, meinem ersten Ziel, wo – diesmal zeitgleich mit der amerikanischen – die deutsche Ausgabe meines neuen Buches gerade erschienen war. Es war, für die nächsten sechzehn Monate, mein erster von sechs durch diverse Übersetzungen veranlaßten Besuchen auf dem europäischen Festland.

Während meiner kurzen Aufenthalte in Europa hielt ich Vorträge und gab Dutzende von Interviews. Fast alle Gesprächspartner wußten gut Bescheid. Sie gingen einzelnen Formulierungen nach und überhäuften mich mit persönlichen ebenso wie philosophischen Fragen. Viele der Rezensionen in Tageszeitungen stammten von anerkannten Historikern oder Journalisten. Einige der Artikel waren außerdem ausführlicher und gründlicher als die in den Vereinigten Staaten. Der Historiker Hans Mommsen muß viele Stunden an seiner sehr genauen und zutiefst verständnisvollen Analyse gefeilt haben. Als ich die deutschen und holländischen Besprechungen mit den amerikanischen verglich, stieß ich auf einen krassen Gegensatz. Um meinen Eindruck zu überprüfen, schickte ich die ersten deutschen Stimmen an Eric Marder, den ich fragte, ob man es für möglich halten könne, daß die Deutschen das gleiche Buch meinten. Er stimmte zu: Der Kontrast war außerordentlich, und das betraf den Umfang der deutschen Beiträge ebenso wie ihre Qualität. Nach dieser Würdigung schickte ich Kopien der deutschen Artikel an meinen amerikanischen Lektor bei Harper-Collins, Aaron Asher, um ihn zu trösten, und an Eric Vigne bei Gallimard, wo die französische Übersetzung noch in Arbeit war, um ihn zu ermutigen. Vigne schrieb mir eine Ansichtskarte mit der trockenen Bemerkung, die Deutschen brauchten das Buch.

Ich hätte wissen müssen, daß für einen ganz bestimmten Leserkreis geschriebene Texte statt dessen bei einem anderen ankommen können. Bücher haben ihren Ort ebenso wie ihre Zeit. Trotzdem stimmte mich diese Entwicklung nachdenklich. Irgendwann im Jahr 1961 hatte mich mein Gesprächspartner bei einem New Yorker Radiosender gefragt, ob ich Deutschland boykottiere. Ja, war meine Antwort. Wie lange, fragte mich der Journalist, wolle ich den Boykott durchhalten. Bis 1985, antwortete ich ohne Zögern. »Jetzt sitzen Sie hier bei uns, essen mit uns, reden mit uns«, sagte mein deutscher Lektor Walter Pehle eines späteren Abends, als ich mit ihm, seiner Tochter und seinem Assistenten auf der Terrasse eines Berliner Lokals saß. »Jawohl«, bestätigte ich und merkte, daß ich in dem so lange boykottierten Land neue Bindungen geknüpft, neue Anerkennung gefunden hatte.

Walter Pehle wuchs nach dem Kriege auf, promovierte in Geschichte und hatte bis dahin die umfangreichste in Deutschland erscheinende Reihe von Büchern über die Nazizeit herausgebracht. Er reiste gerne und begleitete mich mehrmals zu den Gastvorträgen, die er für seinen Verlag in die Wege geleitet hatte, um mein dreibändiges Buch und das soeben erschienene neue zu fördern. Nachdem ich erwähnt hatte, daß die Österreicher sich kaum für meine Arbeit interessierten und ich Wien seit 1976, als ich in einem Gerichtsarchiv Material über die Eisenbahnen sichtete, nicht mehr besucht hatte, vereinbarte er dort einen Vortrag und mehrere Interviews.

Was suchte ich in Wien? Bei früheren Abstechern und besonders bei meinem Aufenthalt von 1976 war ich auf den Spuren meiner Kindheit gewandelt und hatte die Spaziergänge gemacht, an die ich mich aus den dreißiger Jahren erinnerte. Dabei hatte mich stets am meisten beeindruckt, daß Wien äußerlich fast unverändert war. Ich sah die gleichen Häuser und die gleichen Geschäfte. Allerdings erschienen die Entfernungen verringert. Sooft ich mit meinem Vater durch den Augarten im XX. Bezirk spazierte, kam mir dieser Park endlos vor. 1976 hatte ich ihn in einer Viertelstunde durchquert – das Wien meiner Jugend war zu einem kleineren Schatten seiner selbst geschrumpft. Warum kehrte ich nochmals zurück? Was konnte ich 1992 dort finden? Suchte ich Begegnungen? Wollte ich Stimmen hören? Oder hoffte ich, einen Spiegel zu entdecken, in dem ich mich sehen konnte, wie ich einst – wie ich jetzt war?

Am frühen Morgen des 27. November flog ich von Köln nach Wien. Ein Journalist holte mich am Flughafen ab. Als erstes erzählte er mir, ein fünfunddreißigjähriger Kollege, dem gegenüber er das geplante Interview erwähnte, habe ausgerufen: »Was, schon wieder?« »Es ist das erste«, hatte er ihm geantwortet.

Walter Pehle verriet mir, daß Österreich nicht gerade der beste Markt für seine Bücher über das Dritte Reich sei. Seine Zahlen überraschten mich nicht. Nach dem Krieg hatten sich die Österreicher von der Geschichte isoliert und abgekapselt. Das kürzeste *Who's Who*, das ich je gesehen hatte, war eine österreichische Ausgabe von 1948, die fast nur Skiläufer und Opernsänger enthielt. Seitdem beherrschte Österreich die Klaviatur der Neutralität meisterhaft, schmeichelte sich ein und setzte ganz auf ausländische Touristen. Hier war ich nun, selber ein Besucher, versessen auf die unvergleichlichen Wiener Schnitzel, Strudel und Topfenkuchen. Ich mußte die österreichische Aussprache einfach bewundern, zumal schon ihr Tonfall und ihre Klarheit zu einer Demonstration des Vollkommenen werden kann. Kein Wunder, daß sich Walter Pehle, trotz seines klaren Blicks, bezaubern ließ.

»Lassen Sie mich Ihnen mein Wien zeigen« sagte ich, als er mit in die Stadt gegangen war, »den Donaukanal, meine alte Straße und das Haus, in dem ich wohnte, mit seinen Steintreppen und ohne fließend warmes Wasser. Ich zeige Ihnen das verborgene Wien.«

Wir gingen am Kanal entlang, in den XX. Bezirk. Pehle hatte seine Kamera dabei und photographierte die Wiener Berge von einer Brücke aus. Der Blick entsprach nicht mehr dem meiner Kindheit, auch weil das Hundertwasser-Haus im Weg stand. Da die Wallersteinstraße sehr kurz ist, hatten wir mein altes Wohnhaus in einer Minute erreicht. »Hier«, sagte ich, und zeigte auf den Kaltwasserhahn im Flur. Manches zeugte von baulichen Maßnahmen. Wir fragten eine Mieterin, die uns auf der Treppe entgegenkam, ob sie warmes Wasser habe. Ja, habe sie. »Kommen Sie«, flüsterte ich, als wir uns der Türe meiner alten Wohnung näherten. Durch meinen Begleiter gestärkt, klingelte ich

Der Autor 1992 vor der elterlichen Wohnung
in der Wallersteinstraße in Wien
(Foto: W. Pehle)

diesmal. Ich wollte die Räume gerne sehen, um meine Erinnerung an ihre Größe und Aufteilung zu überprüfen und aus den Fenstern zu schauen. Doch drinnen rührte sich nichts. Ein Schild mit dem Namen Anna Gruber hing noch an der Tür. Offenbar war ihr Gatte, der uns am 10. November 1938 aufgefordert hatte, die Wohnung unverzüglich zu verlassen, längst gestorben – hatte möglicherweise den Krieg nicht überlebt. Sie selbst mochte inzwischen erkrankt sein und lag, während wir dastanden, vielleicht im Krankenhaus. Bestimmt machte sie nicht bloß einen Nachmittagsspaziergang. Im Türspalt steckte eine Mitteilung der Stadtwerke. »Wir sind zu spät gekommen«, sagte ich zu Walter Pehle. Sie hatte fünfundvierzig Jahre lang dort gelebt.

In einem Kaffeehaus der Innenstadt gab ich mehrere Interviews. Die außergewöhnlich scharfsinnige und sachkundige Evelyn Adunka fragte nach Neumann, Baron und meinem Vater, und sie zitierte eine Stelle aus einem privaten Brief, den sie in einem Archiv entdeckt hatte – geschrieben am 6. März 1962 von H. G. Adler, dem Überlebenden von Theresienstadt, der ein umfangreiches Buch über das dortige Ghetto veröffentlicht hatte. Ich kannte Adler, der bis zu seinem Tod 1988 in England lebte, weder persönlich noch als Briefpartner, doch als ich diesen dreißig Jahre alten Brief las, der ebenso wie alle seine Bücher auf Deutsch abgefaßt war, kam es mir vor, als habe Adler direkt in mein innerstes Wesen geblickt. Er schrieb über mich:

> Zu berichten ist von Hilbergs »The Destruction of the European Jewry«, sicher haben Sie von diesem Werk gehört. Es ist bis jetzt die bedeutendste Leistung zum Thema und wird schwerlich so bald übertroffen werden, obwohl es gewiß noch lange nicht die endgültige Darstellung ist. Niemand hat bis jetzt den schauerlichen Gesamtprozeß so klar gesehen und zu gestalten vermocht, die Anzahl der kleineren Fehler und Mängel fällt nicht ernstlich ins Gewicht und läßt sich, soweit ich sehe, unschwer in einer neuen Auflage tilgen. Was mich an dem Buche bewegt, ist die Hoffnungslosigkeit des Verfassers, Jahrgang 1926, vor dem Krieg nach USA gekommen, sicher aus Deutschland, wohin er mit dem Heer bei Kriegsende zurückkehrte. 1948 begann Hilberg mit seiner Arbeit. Er hat

also bereits den Standpunkt einer Generation, die nicht mehr sich unmittelbar betroffen fühlt, aber doch noch, von ferne, die Ereignisse mitangesehen hat und nun ratlos vor ihnen steht, bitter und verbittert, anklagend, kritisch nicht nur den Deutschen gegenüber (wie denn anders?), sondern auch den Juden und allen zuschauenden Völkern gegenüber. Am Ende bleibt nichts als die Verzweiflung über alles und der Zweifel an allem, denn für Hilberg gibt es nur ein Erkennen, vielleicht auch noch ein Begreifen, aber bestimmt kein Verstehen.